EDITORA DO CONHECIMENTO

Auxiliando a humanidade a encontrar a Verdade

Curso de Magnetismo Animal em Doze Lições

Série
Magnetismo a Força da Vida

Curso de Magnetismo Animal em Doze Lições

François Millet

CONHECIMENTO EDITORIAL LTDA.
Fone: 19 34515440
www.edconhecimento.com.br
vendas@edconhecimento.com.br

Tradução: Maria Regina Cotrim Guimarães
Projeto Gráfico: Sérgio Carvalho
Ilustração da capa: Mariana Cotrim

ISBN 978-65-5727-131-5
1ª edição – 2022

• Impresso no Brasil • *Presita en Brazilo*
Produzido no departamento gráfico da
CONHECIMENTO EDITORIAL LTDA
grafica@edconhecimento.com.br

Impresso na
Primeira Leitura
a gráfica digital da **EDITORA DO CONHECIMENTO**

Dados Internacionais de Catalogação na Publicação (CIP)
(Angélica Ilacqua CRB-8/7057)

Millet, François
Curso de Magnetismo Animal em Doze Lições / François Millet ; tradução de Maria Regina Cotrim Guimarães. — 1ª ed. — Limeira, SP : Editora do Conhecimento, 2022.
138 p. (Coleção Magnetismo a Força da Vida)

ISBN 978-65-5727-131-5
Título original: *Cours de Magnetisme Animal en Douze Leçons*

1. Magnetismo animal 2. Psicologia I. Título II. Guimarães, Maria Regina Cotrim

22-1541 CDD — 615.8454

Índice para catálogo sistemático:
1. Magnetismo animal

François Millet

Curso de Magnetismo Animal em Doze Lições

Tradução
Maria Regina Cotrim Guimarães

1ª edição
2022

EDITORA DO CONHECIMENTO

Livros da série
Magnetismo a Força da Vida

- Memórias e Aforismos
  Franz Anton Mesmer

- A Arte de Magnetizar
  Charles Lafontaine

- Tratado Completo de Magnetismo Animal - Em doze lições
  Barão du Potet Sennevoy

- O Magnetismo em Oposição à Medicina
  Barão du Potet Sennevoy

- A Causa do Sono Lúcido
  Abade Faria

- Cartas Ódico-magnéticas
  Barão de Reichenbach

- Os Eflúvios Ódicos
  Barão de Reichenbach

- Tratado de Sonambulismo
  Alexandre-Jacques-François Bertrand

- Ensaio de Psicologia Fisiológica
  Casimir Chardel

- Esboço da Natureza Humana
  Casimir Chardel

- Curso de Magnetismo Animal em Doze Lições
  François Millet

Sumário

Gostamos de ver nossas ideias compartilhadas por pessoas nas quais a opinião pública reconhece o caráter e o talento. Gostamos, sobretudo, de receber seus protestos de estima e consideração: este é o consolo para certos destinos difíceis. Este duplo sentimento me levou a colocar este livreto sob os auspícios de um nome cuja apresentação é desnecessária, o do doutor Charpignon; um dia, ele me deu a honra de me dirigir algumas das linhas que se seguem, numa carta coletiva:

> O Sr. Charpignon agradece particularmente ao Sr. Millet por seus bons artigos, que são a mais perfeita expressão de um homem que viu muito, fez muito e julgou bem.

Este livro é a reprodução literal dos artigos citados pelo Sr. Charpignon.

Desculpem minha falta de modéstia, mas ela não é um dos meus pecados habituais.

Millet

COURS

DE

MAGNÉTISME ANIMAL

EN DOUZE LEÇONS

PAR

F. MILLET

FONDATEUR-ARCHIVISTE DE LA SOCIÉTÉ PHILANTHROPICO-MAGNÉTIQUE DE PARIS

Cherchons le vrai,
Faisons le bien.
(*Devise de la Soc. Phil. Magn.*)

PARIS

CHEZ L'AUTEUR

276, RUE SAINT-HONORÉ

Au Bureau du Journal l'Union Magnétique, et de la Société.

—

1858

O homem reúne em si todos os poderes da natureza. Ele se comunica, por seus sentidos, com os objetos mais distantes; o indivíduo é um centro em que tudo se relaciona, um ponto onde o universo se reflete, um mundo de atalhos.

BUFFON

O magnetismo, ou a ação de magnetizar, se compõe de três coisas: 1° a vontade de agir; 2° um sinal que seja a expressão desta vontade; 3° a confiança no meio que utilizamos.

DELEUZE

Os procedimentos não são nada se não estiverem ligados a uma determinada intenção; podemos até dizer que eles não são, absolutamente, a causa da ação magnética, mas é incontestável que eles são necessários para concentrá-la e dirigi-la e que eles devem variar segundo o objetivo a que nos propomos.

DELEUZE

O remédio universal nada mais é do que o espírito vital reforçado numa matéria adequada.

MAXWEL

Podemos, com o auxílio deste princípio, curar imediatamente as doenças nervosas e, indiretamente, todas as outras.

MESMER

E, de fato, a alma tem uma vida dupla: uma unida ao corpo e outra separada de toda corporalidade.

JAMBLIQUE

Os homens acordados só têm um mundo, que é comum a todos; mas, dormindo, cada um tem o seu próprio mundo, individual.

PLUTARCO

Durante o sono, a alma preenche todas as funções, tanto as que lhe são próprias, como as do corpo. Assim, se uma pessoa pudesse inserir, em sã consciência, este estado da alma no sono, essa pessoa poderia se lisonjear de ter dado um grande passo na ciência da sabedoria.

HIPÓCRATES

O sonâmbulo tem os olhos fechados: ele não vê pelos olhos, não ouve pelos ouvidos, mas ele vê e ouve melhor do que o homem acordado. Ele está sob a vontade de seu magnetizador em tudo o que não contrarie suas próprias ideias de justiça e de verdade.

HUSSON

O espírito, no êxtase, se lança, vai em frente, na direção das causas e dos efeitos, com a máxima velocidade, e os confia à imaginação, para daí retirar o futuro resultado.

ARISTÓTELES

Supondo que uma feiticeira realize maldições, isto não ocorre, absolutamente, devido ao diabo, que não saberia comunicar um poder que não possui. Isto ocorre por uma faculdade própria do homem, inerente à natureza humana, da qual podemos fazer bom ou mau uso, como todas as outras faculdades.

VAN_HELMONT

Prefácio

Um doloroso sofrimento foi destinado à minha mulher, que me ajudou – com seu afeto e conselhos – desde o momento em que eu, um simples operário, iniciava uma carreira tomada pelo trabalho, até alcançar o sucesso que pareceu coroar minha laboriosa juventude. Uma grave doença a matou sem que ela tivesse aproveitado o fruto de suas dores. Abandonada pelos médicos, eu não sabia a quem recorrer para que ela permanecesse ao meu lado. Disseram-me que o magnetismo detinha o segredo das doenças incuráveis. Eu chamei para visitar a doente um jovem magnetizador, sr. P***, atualmente um renomado médico. Após cinco sessões, ele se retirou sem querer receber pelos custos de um tratamento inútil. Mas eu já tinha visto o que ele havia feito.

Nesse ínterim, soube que um magnetizador ilustre, o sr. Ricard, dava aulas públicas. Eu o segui e, em seguida, eu mesmo comecei a magnetizar minha esposa, com energia e perseverança.

Segundo o dr. M***, um dos baluartes da ciência, a circulação do sangue dela estava alterada e, referindo-se ao cérebro, este causava eventos que um dia iriam levá-la. Entretanto, eu consegui que a circulação voltasse ao normal; mesmo com o corpo todo paralisado, a doente parecia querer andar. Imaginem minha felicidade! Mas, ou por impotência da minha parte ou porque Deus não tivesse querido me permitir esta cura, eu não pude salvá-la: a doença estava muito avançada.

Entretanto, eu tinha visto o suficiente para ser convencido dos efeitos do magnetismo. Para me consolar, tirei o melhor da perda que eu acabara de ter e passei um ano magnetizando doentes. Até encontrei alguns sonâmbulos.

Enquanto isso, eu assistia às sessões do sr. Ricard,

que se tornou meu locatário e, assim, vi diversos efeitos do magnetismo, bem explicados pelo professor.

Desejoso de multiplicar os benefícios desse procedimento, ao divulgar tal conhecimento, procurei algumas pessoas que estivessem, como eu, dispostas a fundar uma Sociedade para o tratamento gratuito dos doentes e a propagação de uma ideia salutar. Tive a felicidade de reencontrar o dr. P*** que, dezoito anos antes, me havia ensinado o meio de buscar algum alívio para minha esposa. Foi assim que começou, em 1840, a Sociedade Filantrópico-Magnética, que, espero, há de permanecer por muito tempo. Ela levou como lema: *Fazer o bem, buscar a verdade*, e não me parece que tenha falhado nesse lema até o momento. Só bem mais tarde eu pude sonhar em colher os resultados da minha prática pessoal e das minhas numerosas observações, além desse livreto que eu entrego ao público mais como uma série de conselhos úteis do que como um ensinamento formal.

A propósito, eu não posso me lembrar sem certo prazer que um corajoso veterano de guerra, ao ler meu manuscrito que ele revisara, tornou-se magnetizador sem nunca antes ter pensado no magnetismo. Ele citava sempre a seguinte cura:

"Uma mulher havia contraído o terrível hábito de embebedar-se; demitida de todos os locais em que se apresentava para trabalhar, perseguida na rua pelas crianças, ela não sabia mais o que fazer para viver."

Meu aprendiz resolveu utilizar o magnetismo no tratamento deste mal vergonhoso que produz a miséria. Ele magnetizou esta mulher, fez com que ela bebesse água magnetizada e, ao final de quinze dias, a infeliz contraiu uma repulsa pelo vinho, proporcional à sua paixão anterior. Que alegria para o médico! Imaginem.

Quem me dera que eu pudesse convencer a todos, pelas melhores razões, que num grande número de casos, não há meio melhor do que o magnetismo para curar males mentais e físicos.

Foi apenas por essa razão que eu comecei a escrever e, até mesmo, a fazer um prefácio, como todos fazem.

MILLET

Instruções

Em geral, quando nasce um livro pelo qual esperamos, desejamos, no mínimo, como o pai a seu filho, um destino honrado. Procuramos algum amigo próximo que reúna, em algum grau, as duas condições – complacência e ilustração – para oferecer ao recém-nascido os ouvidos e o coração de algum grande santo do paraíso literário e para transformar, ao longo de algumas páginas de prefácio assinadas por um *nome*, a conhecida ópera[1]: "...Mas, vendo tantos encantos, eu lamento / Nada poder ser além de padrinho. (bis)"

Excepcionalmente, aqui é o aluno que, sob o pretexto de uma introdução, reproduz algumas palavras do mestre. O mestre... não há um coração no mundo magnético a quem ele não seja caro; já o aluno, lamentavelmente...

Assim faziam, pelo que diz a história, Platão e Xenofonte com o sábio Sócrates. E Deus sabe como nós estamos humildemente lisonjeados, o sr. Millet e eu, em nos unirmos a personagens tão famosos, ainda que pouco valorizados em seu tempo, como é natural ocorrer em, ao menos, um em cada três.

Deixemos de lado as lembranças vaidosas e limitemo-nos a dizer rapidamente – para que o leitor não se canse de nós – que o aluno não quis compor um prefácio, como o mestre não quis compor um livro. Um contou simplesmente o que fez e viu fazer; o outro juntou algumas ideias esquecidas durante o relato que, consequentemente, não lhe pertencem mais.

Isso, porque o problema magnético tomou uma extensão imensa há algum tempo e, sem que tenhamos chegado a desenvolver em torno deste ponto luminoso as primeiras bases de uma ciência regular, ele cresceu a olho nu e em

[1] N.T. Trecho da ópera-comédia *La dame blanche* (A dama branca),de François-Adrien Boieldieu (1775-1834)

proporções de uma verdadeira revolução intelectual.

Entretanto, algumas exceções são obstinadas em negar sistematicamente o fato: fenômeno peculiar, mas não sem análogos, e procedimento renovado da escola que fez de Napoleão o general-em-chefe do exército do Rei Luís XVIII. Tal argumento nada prova contra a evidência, e também não a impede de existir. Nós não tentaremos combatê-lo, pois o tempo lhe fará justiça.

Além desse, há outro ceticismo, que tem por explicação a ignorância: devem enviá-lo à escola. Santo Inácio foi à escola aos quarenta anos.

Vejamos inicialmente aquele que, raciocinando de forma absurda, combate o magnetismo como se fosse um princípio contraditório a outros princípios adquiridos pela ciência, ou como se fosse uma série de fenômenos inexplicáveis pelas leis conhecidas da natureza. Pelo menos, sejamos razoáveis!

Para começar, há inúmeros fenômenos classificados entre os que se devem ao magnetismo e que podem ser associados, senão a causas vulgares, ao menos, a categorias já instituídas. A ação recíproca dos homens, a simpatia, alguns efeitos da imaginação e mesmo a segunda visão são observadas há muito tempo. Com frequência, levantam-se dúvidas sobre a realidade das manifestações desse tipo e algumas vezes, com razão. Mas o senso comum, em geral, aceitava as manifestações. A história e a vida estão cheias dessas singularidades que o magnetismo reproduziu inúmeras vezes e tudo o que ele faz é usar do direito de pegar seus bens onde eles se encontram, recolhendo-os para uni-los à coleção de seus efeitos especiais. O magnetismo não data de Mesmer, ele data da natureza; o que Mesmer fez foi dar-lhe um nome.

Mas, quando o sr. Regazzoni, na presença de um indivíduo desconhecido, faz crescer, a distância, as glândulas mamárias de uma mulher, a ciência declara não apenas ignorar a causa dessa impossível realidade, mas ainda não reconhecer qualquer associação nesta observação.

Um entre mil outros, este fato existe ou não existe. Para alguém se manifestar entre as duas alternativas, basta abrir os olhos e ver. Se ele existe, deixa de ser um fato absurdo. Mas pode-se ainda encontrar argumentos a seu favor quase tão conclusivos quanto sua evidência material.

Desde o momento em que se exerce – e conhecemos seu sucesso nos últimos tempos – a faculdade de investigação e de análise do homem, as leis da natureza têm sido sucessivamente desembaraçadas da confusão de um mundo complexo. Só há pouco tempo que as fórmulas científicas adquiriram um grau de certeza que lhes permite servir de fundamento às milagrosas aplicações de nossa época. A história sabe por quanto tempo elas foram desconhecidas e também conhece a aventura pela qual opiniões foram demolidas. Quantos fenômenos serão explicados pelo magnetismo! Uma nova causa com leis problemáticas, que acabamos de identificar entre as demais, como identificamos a eletricidade e o galvanismo, que foi uma grande descoberta; por que duvidar dela, quando a experiência do passado demonstra que o magnetismo é possível e que a observação do presente o certifica?

Eis um triste argumento, realmente bem indigno de uma "ciência consciente": "Nós repudiamos o magnetismo porque ele destrói a metade dos nossos conhecimentos de fisiologia." Infeliz da fisiologia, mas por que o magnetismo precisaria sofrer? Seria, então, necessário suprimir a América só porque ela deu ao mundo o dobro do tamanho da Terra de antes de Cristóvão Colombo? Optamos por mudar a geografia, o que foi bem razoável.

Mais lamentável ainda contra este argumento: "Eu não acreditaria nos fenômenos magnéticos se eu mesmo os produzisse." O que isso quer dizer? Que basta ver com seus olhos para ter o direito de duvidar? São Tomé, o incrédulo, não era tão complicado.

Que tais razões sejam leves para os que se dão a esse direito, pois a posteridade as pesará.

Deixemos a matemática raciocinar *ab absurdo*[2]: seus axiomas são estabelecidos sobre convenções que resultam das condições de nosso raciocínio. Nosso raciocínio chega aos limites do silogismo. Mas em relação à natureza, quem sabe onde ela termina, além daquele que lhe imprimiu um início?

Chegamos então aos que, não ousando duvidar do magnetismo e não tendo qualquer interesse em fazê-lo, têm medo dele.

Inicialmente, tudo, como a língua de Esopo, é bom e mau, sequencialmente; basta, não vamos repeti-lo.

Mas se o magnetismo apresentasse mais inconvenientes do que benefícios, seria conveniente que impedíssemos suas manifestações; não seria então desejável que

[2] N.T. *Ab absurdo*, em latim, é um método de demonstração usado especialmente na geometria, em que o raciocínio realizado é oposto ao que se propõe, para se chegar a um resultado.

não as provocássemos?

Aonde vamos: Deus sabe, pois ele nos guia. Não depende de nós sufocar uma realidade, qualquer que seja ela, mesmo se ela nos parecesse perigosa. No momento em que a Providência a lançou no mundo, sem dúvida segundo seus desígnios, o melhor é nos inclinarmos diante destes desígnios.

Francisco I previu os perigos da imprensa e tentou interromper seus progressos. Ele poderia fazê-lo, sendo um rei todo-poderoso, já que a imprensa seja apenas uma invenção humana? Tampouco o infeliz Luís XVI pôde prevenir o dilúvio que seu predecessor havia anunciado *depois dele*.

Instrumentos da Providência, ela nos disse, como ao Judeu Errante: "Ande", e devemos andar. Ela nos deu a consciência do bem e do mal para nos esclarecer sobre o emprego das forças que possuímos. Pessoas bem intencionadas, o magnetismo existe! Talvez ele seja uma arma mortal nas mãos dos maliciosos; vamos segurá-lo com nossas mãos.

Mas temamos os excessos de qualquer lado.

O Novo Mundo imaginava que o homem se relacionasse com supostos poderes intermediários entre Deus e ele. O Velho Mundo não demorou a tomar esta crença emprestada por seu irmão que, ao lhe conceder, se vingou de uma vez por todas dos males que nós levamos até eles com nossa civilização, através de Cortez e Pizarro. Toma lá, dá cá.

No começo era Davis[3]. Davis engendrou os Fox[4]. Cahagnet[5] procede os dois e o Sr. de Mirville[6] descende de Cahagnet em linha direta. Onde vai parar a genealogia?

E eis que Delaage[7], que teria sido um escritor encantador (o que ele não escreve em prosa?), se pôs a fazer prognósticos, em livros inúteis e até inquietantes e, apoiando-se em fatos bastante contestáveis. Só a ideia de seus prognósticos já era suficiente para causar arrepios:

O retorno da magia e das influências malévolas do homem sobre outro homem que se exercia a distância, feitiçaria: toda uma teoria de evocações póstumas, acompanhadas de astúcias mais ou menos sérias e exorcismos,

[3] N.T. Andrew Jackson Davis (1826-1910), norte-americano estudioso do mesmerismo.

[4] N.T. John Fox, magnetizador que viveu nos Estados Unidos no século XIX

[5] N.T. Louis-Alphonse Cahagnet (1809-1885) – nascido de família francesa pobre, trabalhador, tornou-se conhecido como magnetizador.

[6] N.T. Jules Eudes de Catteville de Mirville (1802-1873), magnetizador e autor francês de diversas obras sobre espiritismo.

[7] N.T. Henri Delaage (1825-1882) era escritor e publicou diversos ensaios ligados ao magnetismo.

aos quais a Igreja depositava muita confiança na época em que acreditava nos feiticeiros.

Por uma dessas metamorfoses que lhe são familiares, o ultramontanismo[8] obteve esta nova arma: ele queria nos levar ao papa, fazendo-nos crer nos espíritos. Leiam o Sr. de Mirville, que não esconde seu objetivo.

Mas se nos recusarmos a crer, deveríamos ser queimados como antes? Cuidemos da lógica e destruamos os grimórios[9] que a Inquisição divulga.

Há necessidade de espíritos, quando temos Deus à mão para explicar tudo o que não se explica? Por que ressuscitar o ritual de Loudun[10], quando a filosofia do senso comum já nos basta?

Deus, que deu a cada um de nós um papel no drama que a humanidade desempenha, não poderia, ele próprio, soprar as palavras, quando nos falta a memória? Ele precisa de intermediários para isso? Isso é bom para entreter um movimento regular e harmônico no mundo imperceptível dos infinitamente pequenos.

Ele nos criou à sua imagem, dando-nos uma alma como a sua, repleta de inteligência, de caridade, e de vontade, com a liberdade para utilizarmos tudo isso. Munidos destas imensas forças, nós transformamos a matéria, constituída de povos com suas leis e sua civilização: Adão ficaria bastante surpreso se retornasse ao mundo, ao ver o que fizemos dele. E quando o sr. Home move um chapéu, quando um feiticeiro cura um entorse, nós gritamos: "Ao espírito!" A fé remove montanhas com a ajuda da vontade todo-poderosa. Então, nossa alma não teria provado, desde a criação, um dinamismo bem mais poderoso do que aquele empregado por um médium para mover uma mesa, ou, como Regazzoni, para dilatar uma tábua?

E a imaginação, vocês não pensam nela? Ela cria os espíritos e os buquês, as cestas que voam e os mortos que retornam; onde está o milagre? Ela fez muitas outras coisas, edificando *a Jerusalém libertada*, os romances de Anne Radcliffe e os remorsos personificados em Orestes e Macbeth.

Tomem cuidado, espiritualistas, pois o caminho que

[8] N.T. Doutrina católica do século XIX que surge em defesa da infalibilidade do papa, mas que gerou outros debates, inclusive sobre a relação da Igreja com o Estado.

[9] N.T. Os grimórios são escritos medievais sobre feitiços, rituais e encantamentos mágicos.

[10] Referência a possessão das Freiras de Loudun onde um suposto conjunto de possessões demoníacas que ocorreram em Loudun, França, em 1634. N.E.

vocês seguem conduz ao panteísmo, passando pela etapa de Charenton[11]. Suas super inteligências fora do normal, ao os afastarem de Deus, os aproximam, na Antiguidade, do *fatum volitans de Lucrécia*[12]. Eu preferiria isso à Idade Média, mas ainda estamos no passado: século XVIII. Vocês navegam entre Petit Albert e Helvécio: triste alternativa.[13]

Sempre nos pareceu e hoje nos parece mais ainda, desde que o espiritualismo organizou seu fantástico movimento, que nos enganamos sobre a natureza do problema proposto por Mesmer.

Dedicaram-se a provar, por um lado, que o magnetismo é um fluido e, por outro, que não é nada. O que importa? Quando tiverem provado que existe ou que não existe um ente desconhecido ao qual desejam chamar de fluido, isso significará um passo adiante na ação magnética? O que é um fluido? É algo através do qual uma força atua. – Sem dúvida. Mas como e por quê? Temos que nos deter aí. Além disso, a fim de experimentar este dado, chegou-se à lei que ouvimos ter sido formulada por um dos mais maduros magnetistas da escola crítica, sr. Mialle: "não há nenhuma generalização, no magnetismo, à qual não se possa imediatamente opor diversas experiências definitivas, próprias a destruí-la."

Na nossa opinião, seria preferível que – em vez de perguntar se o magnetismo é um agente idêntico, análogo ou diferente de outros agentes da natureza, produzindo ou experimentando manifestações deste agente problemático – fosse pesquisado, dentre esses fenômenos, o fato primitivo, permanente, *sine qua non* que o produziu. Neste ponto se concentra todo o interesse filosófico do problema. A observação, como nas demais ciências, apoiada na noção da Providência, seria conduzida a resultados bem mais satisfatórios.

Dados o homem e a natureza ou, se quiserem, Deus ou a força criadora, nada mais deve surpreender, no magnetismo, independentemente de quanto quiserem expandir o alcance desta expressão.

O homem atua sobre o homem ou sobre o resto do

[11] N.T. Comuna francesa onde houve, no século XVII, discursos e sermões relacionados à existência de Deus.

[12] N.T. Lucrécia, filha de um administrador de Roma do século VI AC teria sido violentada e, por esta razão, cometeu suicídio. Esta teria sido a razão pela qual Brutus aboliu o Império e criou a república romana.

[13] N.T. Petit Albert (pequeno Albert) era considerado um grimório sobre magia, do século XVIII, inspirado em obra medieval. Claude-Adrien Helvetius (1715-1771) foi um filósofo francês, importante enciclopedista durante a revolução Francesa, considerado materialista radical.

mundo e a Providência dirige essa ação; pelo que parece, aí está, em duas palavras, toda uma teoria. Certamente, ela não é nova, mas, na verdade, após seis mil anos, quem pode ter a pretensão de inovar na ordem filosófica?

Basta dizer que, ao nosso ver, vamos nos pôr a pesquisar a palavra do magnetismo, considerada como ciência, e a colocar alguma solução acima do debate.

Anteriormente tínhamos o hermetismo e a magia, ideias para as quais o senso comum fez justiça, criadas pelo exclusivismo sombrio das teocracias, renovadas na Idade Média por uma ciência sem método e sem base. Concepções semelhantes não se sustentariam diante da crítica mais elementar, apoiada nas mais simples percepções da religião natural.

O homem é indispensável à produção do problema magnético: próximo ou a distância, com ou sem o intermédio do corpo, através de uma energia relativa ao seu organismo, é sempre por ele, homem, que se operam as manifestações observadas. Desses fatos universais, conclui-se que, evidentemente, a ação magnética – qualquer que seja sua forma – é o produto do que existe do que é especificamente humano e próprio a ele; em resumo, da alma. O magnetismo é a força anímica atuando com dinamismo subordinado às influências da força superior, de Deus; ele é uma série de agentes cujas leis são conhecidas, como a eletricidade, o calor etc. Assim, existe um outro agente cujo *modus operandi* é determinado pela vontade providencial: o magnetismo.

Nos fenômenos do sonambulismo magnético, tipo de manifestações singulares, caprichosas, contraditórias, que nos mostra os mais grotescos erros ao lado de intuições fantásticas, Deus se faz ver ainda mais claramente, revelando-nos aos poucos as verdades úteis e deixando-nos a cargo de toda a impotência de nossa própria imaginação.

Ainda não foi suficiente explicar porque é impossível que o magnetismo se encontre sujeito à espécie de regulamentação que governa as outras ciências?

O homem recebeu de Deus, que o criou, uma parte de seu poder, mas uma parte bem restrita. A uns, ele deu um poder maior, segundo o papel que ele designou a cada um neste drama que ocorre aqui, diante de seus desígnios, através de nós, ainda que, muitas vezes, às custas de nossa vida material. Tenham noção, agora, da medida do grau e dos meios de ação que ele nos deu, assim como das luzes que ele nos deixou: seria descobrir o segredo de suas visões eternas; é absurdo esperar por isso.

Devemos dizer que é necessário – pois não podemos definir leis imutáveis a esta força eterna, mas recentemente nomeada – recusar sua ajuda, a fim de realizarmos nossa obra? Certamente, não. Já foi dito que a verdade deve ser desdenhada, pois é difícil de ser encontrada, ou que a virtude é inútil, pois é difícil decifrar seu caminho entre o bem e o mal.

Deste ponto de vista, o problema nos parece simples.

O estudo do magnetismo seria apenas uma nova forma do estudo filosófico geral. A alma, objeto da observação de todos os pensadores, aparece, não mais como uma abstração inerte, mas como uma força análoga a todas as outras forças da natureza. A alma sempre foi percebida, mas nunca controlada, porque sua ação e seu desenvolvimento são frequentemente modificados pelo desenvolvimento e pela ação da força divina. Há razões para se garantir, nela, das indecisões.

Mesmo que só tivéssemos alcançado o objetivo de sair, sem esforço, deste mundo oculto em que desejam nos submergir, ainda estaríamos satisfeitos com uma solução que, ao menos, leva em conta dois elementos eternos: Deus e o bom senso dos povos.

E. Guillot

Curso de Magnetismo Animal em Doze Lições

Os alunos que desejarem unir à prática o estudo aprofundado da ciência magnética encontrarão certas obras sobre esse tema escritas por autores cujo talento e mérito são bem conhecidos. Penso que sou uma máquina que age e fala, como o Criador fez; eu relato o que eu mesmo fiz e o que eu vi fazer. Quem sabe se eu serei muito criticado? Ao menos, meu único objetivo será elogiado: divulgar o magnetismo, dar ao marido conhecimentos para cuidar da sua esposa, dar à mulher a possibilidade de cuidar de seus filhos ou de interromper a tempo as doenças que podem ser mortais[14]. E quando eu me expresso desta forma, não excluo os cuidados sempre indispensáveis do médico.

Os fatos que relato (aos quais eu poderia acrescentar outros) são suficientes para dar provas de sua veracidade.

Glória aos que dedicaram suas vidas aos trabalhos úteis! Glória a Mesmer, que ressuscitou o magnetismo! Honra a Deleuze, a Puységur etc., que iluminaram o fogo sagrado do altar!

[14] Minha convicção é que, se um homem cair ao meu lado com uma apoplexia fulminante, eu, magnetizador, salvarei sua vida.

Primeira lição
O magnetismo

Em torno de 1772, Mesmer, médico de Viena, Áustria, membro da Faculdade de Medicina desta capital, foi levado por uma série de experiências milagrosas a proclamar a existência de um agente, de um fluido universal, que ele chamou de *magnetismo*, cujas maravilhosas propriedades ele estudou. Este fluido, capaz de ser liberado e transmitido, tornou-se, especialmente, um agente muito eficaz de cura de uma grande quantidade de afecções para as quais a medicina permanecia impotente.

Mesmer visitou Paris em torno de 1780 para expor sua doutrina. Depois deixou a França e morreu em seu país em 1815.

Não me cabe falar sobre as perseguições que ele suportou, os desgostos que experimentou – assim como seus discípulos – por uma ciência que um dia trará grandes serviços à humanidade. Mas encontramos homens corajosos, cujos números vêm aumentando dia a dia, corajosos, desinteressados, que nos ajudaram e nos ajudarão no sucesso desta obra para o bem.

O magnetismo animal é a manifestação da faculdade que todos os seres possuem naturalmente de atuar uns sobre os outros e cada um sobre si próprio, mas de forma mais ou menos potente, devido à força, à confiança que temos em nós mesmos e à pureza dos nossos pensamentos.

A ação magnética se manifesta rapidamente em função das simpatias, dos temperamentos e da idiossincrasia dos indivíduos. Esta ação é mais ou menos forte em razão da vontade. É a vontade que produz a movimentação da máquina e, ao mesmo tempo, é o motor da ação.

Cada ser possui uma certa quantidade de fluido vital que pode escapar por todos os poros; sua parte mais forte vem do cérebro, de onde ela escapa mais ou menos prontamente, numa quantidade maior ou menor, em razão das forças animais.

O fluido nervoso, como todos os fluidos imponderáveis, é invisível aos nossos olhos. Os sonâmbulos acreditam vê-lo e um deles o definiu dessa maneira: "chama líquida que fomenta a vida e percorre o trajeto dos nervos".

Este fluido, que pode se comunicar de um indivíduo a outro, mesmo a grandes distâncias e através de corpos opacos, apresenta certa analogia com a eletricidade e com o ímã. Por outro lado, há qualidades particulares que lhe são próprias.

Os efeitos produzidos pelo torpedo ou por qualquer veneno elétrico provam definitivamente o que acabamos de dizer. A observação mais significativa é que as forças elétricas ou magnéticas – ou, melhor, eletromagnéticas – do torpedo, por exemplo, são mais fortes em direção à cabeça que à extremidade oposta: portanto é no cérebro que o fluido fica acumulado.

Na nossa espécie, em geral, os efeitos são menos impressionantes, mas não são menos definitivos.

Daremos como exemplo o poder magnético do homem a influência bastante surpreendente, mas também bastante real, que Martin, Carter e outros exerceram sobre os mais ferozes animais. Quem não conhece o temor que inspiram esses hércules modernos aos tigres, aos leões e à própria hiena? Sua voracidade e selvageria respeitam, tremulando, o mestre que, com um mero olhar, governa sua ferocidade natural e os impressiona como que por uma paralisia espontânea, com terríveis olhares que lhes penetram como raios entorpecedores.

Encontramos num exemplar do jornal inglês *The Zoist*[15] dois fatos comunicados pelo duque de Marlborough que, em 1843, atuando num cão mastim, extremamente feroz a ponto de ninguém ousar se aproximar dele, fez com que ele dormisse em menos de três minutos, enquanto ele ainda mostrava seus dentes caninos e rugia. O duque atuou em Blenheim[16], em outro cão de guarda, também agressivo, e obteve o mesmo resultado.

O reverendo T. Barlett, de Kengstone, próximo a Cantorbery[17], forneceu o segundo caso e observou que, no ou-

[15] N.T. Publicação do século XIX sobre fisiologia, magnetismo e mesmerismo.
[16] N.T. Local histórico na Inglaterra onde viveu o citado duque de Marlborough.
[17] N.T. Provavelmente o autor se refere a Canterbury (Cantuária), cidade inglesa.

tono de 1837, ao descer uma montanha de Westmoreland, percebeu, ao se aproximar de uma pradaria que margeava a estrada, um touro com olhos vermelhos, narinas abertas e mugidos prolongados, que testemunhavam seu desejo de ter um conhecimento mais próximo do digno pastor. Temendo, com alguma razão, que seu vizinho perigoso pudesse atravessar a cerca, o reverendo, não vendo outras formas de se salvar, aproximou-se, com segurança, da cerca, fixando no animal irritado, um olhar prolongado que o fez parar subitamente. O corajoso eclesiástico, continuando a atuar, conseguiu determinar que, em dois minutos, seu inimigo fosse lentamente fechando as pálpebras, o que denota, no homem, as primeiras influências da ação magnética. Três ou quatro minutos depois, os olhos do touro se fecharam totalmente e o animal, adormecido, permaneceu completamente imóvel como se tivesse sido talhado na pedra pela mão de um escultor.

Da mesma forma, vemos todos os dias, entre os animais em geral, os efeitos de diversas influências. Quem não sabe que a serpente magnetiza o pássaro? Quem ignora a força atrativa que o sapo exerce sobre a fuinha? Quem nunca viu um cão da raça *pointer* paralisar uma codorna ou uma perdiz?

Parece-nos impossível não duvidar de todas estas coisas e só saberíamos dar uma explicação razoável a esses efeitos prodigiosos através do que chamamos de magnetismo animal.

Nós afirmamos que o fluido que fomenta a ação de nossos nervos é o verdadeiro princípio do magnetismo animal e que este fluido é emanado pela vontade daquele que atua e congestiona os corpos para os quais ele se dirige. Por outro lado, não há repulsão da parte desses corpos para anular a força emitida.

Este fluido produz, independentemente dos fenômenos análogos aos que são obtidos pelo ímã ou pela eletricidade, um estado peculiar semelhante ao sono. Neste estado emergem, com frequência, os fenômenos do sonambulismo ou do êxtase, análogos às causas naturais conhecidas sob o mesmo nome.

Este fluido, princípio da vida, é eminentemente benéfico aos doentes.

O magnetizador, que deve estar saudável de corpo e espírito, elemento indispensável para atuar eficazmente, pode impregnar mais ou menos seu objeto, seja de forma geral ou parcial. É evidente que este agente é um excelente modo curativo. Ele age espontaneamente sobre a circulação nervosa e sanguínea, restabelece a harmonia que está confusa, dá força e vida aos órgãos doentes.

Estão equivocadas as pessoas que afirmam que o magnetismo é apenas um elemento que superexcita os nervos. Já demonstramos, com frequência, por fatos, bem mais conclusivos do que todas as teorias, que o agente magnético pode agir como sedativo, enfraquecedor ou tônico, segundo a direção que lhe é designada e a ação do magnetizador.

Nós reconhecemos que os procedimentos que se podem empregar para determinar determinados efeitos não são indiferentes, pois, ainda que a vontade seja o principal motor da ação magnética, não é menos verdade que os acessórios necessários não poderiam ser suprimidos ou mal combinados sem danificar a produção ou o desenvolvimento dos fenômenos.

Recomendamos com insistência a água magnetizada para os doentes que se submetem ao tratamento pela magnetização. Ela deve ser magnetizada com a ponta dos dedos no fundo do copo por dois a três minutos, com a força e a boa vontade de fazer um medicamento apropriado. Não é necessário se preocupar com o resultado nem com o que foi feito, pois os efeitos serão sempre salutares. E, se foi durante o sonambulismo que você deu o remédio, seu doente saberá dizer os compostos usados e lhe recomendará que não esqueça de lhe dar o remédio a cada vez que ele estiver adormecido. Se for usado neste estado, o efeito será ainda mais rápido, e quinze minutos serão suficientes para que o medicamento que você acabou de administrar tenha surtido efeito. Você poderá acordá-lo após pedir sua opinião, pois nunca se deve causar um despertar brusco.

Os glóbulos homeopáticos que, em vários casos, produzem efeitos muito bons, podem ser neutralizados por um quarto de copo com água magnetizada (segundo um médico homeopata que havia magnetizado muitas vezes). Conclui-se, daí, que o agente ou o fluido depositado no copo tem mais força medicinal do que os glóbulos administrados. Nos casos dos doentes tísicos, fracos, seria bom magnetizar seus alimentos, suas roupas e sua cama, pois esse fluido regenerador produzirá bons efeitos. Eu vi doentes que não suportavam nada, nem mesmo uma gota de sopa ou uma gota de leite. Incrível! A sopa e o leite magnetizados foram perfeitamente digeridos e, ao final de poucos dias, os doentes passaram a tomar boas quantidades dessas substâncias sem dificuldades; a força e o apetite retornaram.

Pode-se ainda utilizar a água magnetizada para loções, injeções, em inúmeras circunstâncias: queimaduras, contusões, inflamações. O magnetizador inteligente e experiente deve saber empregá-los nos casos adequados.

Se for necessário o uso frequente da água magnetizada, seria preferível se servir da água previamente fervida, que será magnetizada após esfriar.

Definitivamente, não temos certeza se existem indivíduos insensíveis ao magnetismo. Achamos que devem existir, apesar de que, em nossa própria experiência, estejamos convencidos de que indivíduos que não obtiveram nenhum efeito da ação de certos magnetizadores experimentaram sensações bem fortes (e,algumas vezes, espontaneamente) da ação de outros.

A vontade, com a ajuda de certos procedimentos, atua de maneira poderosa, ao passo que, quando acompanhada de outros procedimentos, não produz, com frequência, nada aparente. Eu digo "nada aparente" porque, se uma pessoa for avaliada por um médico cuidadoso, que examine sua pulsação, seu estado calórico, a secura de sua pele, este perceberá que, após uma magnetização de vinte minutos, haverá modificações na frequência do pulso – mais alta ou mais baixa –, uma temperatura mais quente ou mais fria e a pele mais seca ou mais úmida (especialmente as palmas das mãos). Eu magnetizei uma pessoa que só havia sentido um frio glacial por todo o corpo, além do fechamento das pálpebras; eu não conseguia aumentar sua temperatura. Ela me disse:

– Eu fui magnetizada por um outro magnetizador e não fechei os olhos, mas ele me induziu a um estado de calor e transpiração insuportáveis.

Na sessão pública de 29 de janeiro de 1851 da Sociedade Filantrópico-Magnética, com 350 pessoas presentes, na rua Lamartine, 23, o Sr. Hébert, de Garnay[18], membro honorário, fornece alguns detalhes sobre diferentes fenômenos do magnetismo; em seguida, ele prova que o fluido, dirigido por uma vontade bem assegurada, pode agir sobre a circulação. Para afastar qualquer ideia que pudes-

[18] N.T. Pequeno vilarejo próximo ao Vale do Loire.

se levantar suspeita sobre a boa-fé dos magnetizadores, ele perguntou se no auditório havia algum médico ou alguma pessoa capaz de observar os fenômenos que não pudessem ser visivelmente conhecidos, como o aumento ou redução do pulso e os batimentos do coração.

O dr. Louyet se apresentou e, com seu relógio, segurou a mão do senhor que se voluntariava a esta experiência; o dr. Duplanty (nosso presidente) segurou a outra mão. O pulso tinha a frequência de 120 batimentos por minuto, número bastante elevado, sem dúvida devido à emoção provocada pelo magnetizador localizado à sua frente. Na espera do resultado dos dois médicos, o sr. Hébert atua sobre este senhor; a respiração fica mais acelerada e, a um dado momento, constatou-se 128 batimentos por minuto. Atuando por uma vontade oposta, as pulsações são reduzidas a 108. Os dois médicos estavam perfeitamente de acordo com esta verificação.

Um dia, passando pela praça Vendôme, ouvi gritos que vinham do alto da coluna e parei quando vi descer o mais velho dos guardas carregando um homem sobre suas costas. Alguém levou uma cadeira até a grade e o guarda colocou o homem ali. Era um homem de vinte e quatro a vinte e cinco anos, grande, bem vestido, fora de si; provavelmente, ele havia tentado dar fim à sua vida, mas um senhor e seu filho, que subiram a coluna ao mesmo tempo em que ele, gritaram por socorro e nós os ouvimos.

Este pobre homem tinha o olhar vago, a pele de uma palidez lívida, os cabelos despenteados, seu colete e seu casaco rasgados. Sua fala não fluía. Subitamente ele se levantou da cadeira, tentando tirar sua roupa com força, mas eu o impedi e ele caiu novamente na cadeira. Aproveitei este momento para colocar minha mão na sua testa com uma vontade poderosa de acalmá-lo; vontade essa que ocorre em tais momentos. Apenas dois minutos depois, ele tocou sua mão no meu braço, levantou-se e disse:

– É ar que eu quero... leve-me até o Leroy, que ele vai me dar ar.

Eu fiz com que ele voltasse a se sentar, depois fiz alguns passes, dizendo:

– Eu vou fazer o ar.

Um instante depois, ele levantou a cabeça, me olhou e disse:

– Você me magnetizou?

Respondi: – Certamente; isso lhe fez bem?

Ele retrucou: – Sim.

Eu continuei, até que ele ouviu, em meio à multidão que nos cercava, alguém gritar:

– Devem procurar um médico –, mas ele apressou-se em responder:

– Eu não quero médico, eu mesmo sou médico.

Quando ele recuperou a razão, eu perguntei seu endereço e ele me disse que residia na rua Monsieur-le-Prince, o que me fez presumir que ele era estudante de medicina. O guarda foi procurar um carro e quis segurar o braço do rapaz para ajudá-lo a caminhar na calçada, mas ele rejeitou-o bruscamente. Quando chegou o carro em que ele deveria entrar, ele disse:

– Não preciso, sinto-me bem e vou a pé.

Fui obrigado a intervir: – Quero que você entre! É verdade que você está bem, mas ainda não se recuperou suficientemente para essa caminhada. Ele entrou no carro sem dizer nada e este resultado se deve à influência que eu exerci sobre ele.

Este fato ocorreu há quatro ou cinco anos; 150 pessoas assistiram e cada um dava uma opinião. Eu não ouvia nada e, na realidade, para agir de forma bem sucedida, devemos concentrar nossa atenção e não nos preocupar com nada estranho à nossa atuação.

Segunda lição
As condições que devemos observar para magnetizar

Deixe que a pessoa, doente ou não, fique instalada comodamente e que o encosto possa suportar a cabeça, caso a pessoa caia para trás, o que acontece com frequência. Faça com que ela estique os braços e coloque as mãos sobre os joelhos. Fique diante dela num lugar um pouco mais elevado, se for possível. Isso facilita seus movimentos. Separe seus joelhos sem aproximá-los muito da pessoa a ser magnetizada, para evitar que ela fique presa entre suas pernas, o que não seria delicado nem decente, além de impedir seus movimentos. Evite sempre o que pode levar ao sarcasmo ou ao ridículo, pois o mundo incrédulo está sempre pronto a fazê-lo. Os procedimentos de que vamos falar não são empregados sempre por todos os magnetizadores; vários destes têm procedimentos particulares e, independentemente do método que sigam, os resultados são aproximadamente os mesmos. Além disso, os procedimentos devem ser diversificados segundo as circunstâncias: escolhemos não somente pelo tipo de doença, mas também pela comodidade, pelas conveniências e mesmo, pelo cuidado em evitar tudo o que possa parecer extraordinário. O que vou dizer é inútil às pessoas que adquiriram o hábito de magnetizar, pois elas vão seguir o método pelo qual aliviam e curam seus doentes. Escrevo para aqueles que, por não saberem nada, ficariam constrangidos ao abordar uma faculdade de cuja existência não duvidam. Vou ensinar-lhes a maneira de magnetizar que adotei a partir de instruções que recebi e observações que coletei ou que redigi após uma longa prática.

Quando um doente deseja que você tente curá-lo pelo magnetismo (eu disse tentar, pois mesmo tendo curado uma grande parte de todos os doentes, não curamos todos), comece por inspirar confiança; sem isso, não seremos bem sucedidos. Diga-lhe que você está decidido a seguir o tratamento enquanto for necessário. Defina com ele o horário das sessões e faça-o prometer cumprir o tratamento e não se limitar a uma tentativa de poucos dias. Não se preocupe demais nem com ele nem consigo mesmo caso os efeitos não sejam aparentes, pois quando menos se espera podem surgir ótimos resultados. Afaste do doente todas as pessoas que possam interferir no procedimento de forma indesejável; deixe que permaneçam apenas as testemunhas necessárias. Peça a essas testemunhas que não se concentrem nos procedimentos empregados nem nos seus efeitos, mas que se unam com a intenção do bem do paciente. Organizem-se de forma a não haver demasiado calor ou demasiado frio, a que nada lhes perturbe e tomem as precauções para não haver interrupções durante a sessão, que deverá durar entre 25 e 30 minutos, exceto em casos extremos quando somos forçados, por imprevistos, a magnetizar por um tempo maior. Repouse cinco ou dez minutos para prosseguir, pois, quando estamos cansados, a magnetização é mais nociva que vantajosa. O cansaço pode ocorrer com o doente e deixá-lo nervoso, mas se ele sentir dores mais fortes, mais vivas ou em locais onde elas não existiam, diga-lhe que isso é um bom sinal, que é a natureza ajudando. Não se esqueça da água magnetizada. Peça ao paciente, também, para examinar sua urina e suas roupas guardadas, pois podem sofrer modificações.

Estamos seguros de que cada indivíduo possui certas partes do corpo mais sensíveis que as demais.

Estamos convencidos da importância da influência do clima, da temperatura atmosférica, dos corpos vivos ou inertes que nos cercam e das disposições físicas e morais do magnetizador e do indivíduo a ser magnetizado.

Quando o indivíduo se opõe mentalmente à ação magnética e quando suas forças mentais são inferiores à do magnetizador, ele aceita; é bem raro que, em função da resistência, ele não experimente convulsões nem sempre fáceis de serem acalmadas. Ou então, ele não se deixa liberar e pode sentir durante alguns dias, um mal estar geral.

Também não é desejável que a pessoa que se submete ao magnetismo queira tornar-se sonâmbula, pois a preocupação que nasce dessa vontade impede com frequência que o sono magnético se estabeleça.

As melhores condições a serem apresentadas são: a entrega, a confiança no que vai atuar, o desconhecimento sobre os efeitos produzidos e um recolhimento religioso.

Para o magnetizador, é desejável a saúde perfeita, a mente sã, uma temperatura mais alta que baixa, um grande silêncio. Para ambos, nada de pensamentos materiais; ocupem-se do que desejam produzir.

Pode-se magnetizar por contato, por passes ou a uma distância maior ou menor, segundo a sensibilidade dos indivíduos; oferece-se um objeto magnetizado para ele segurar, fazendo-o respirar um quarto de um copo d'água magnetizada, para tal efeito. Eu produzi sobre vários indivíduos os efeitos do clorofórmio – exceto os indesejáveis –, fazendo-os respirar água magnetizada com a vontade de que fosse clorofórmio. Magnetizem o local que você destinou a eles, sempre com a vontade de fazê-los adormecerem.

Há pessoas que não podem suportar o toque, outras das quais é necessário se afastar e que acordam assim que alguém fala com elas – quando magnetizadas – e que passam a dormir caso alguma pessoa próxima a elas (ou que apenas estejam no mesmo cômodo) seja magnetizada.

Eu fiz uma pessoa adormecer, e ela habitualmente dormia em cinco minutos, mas não sentiu nada após quinze minutos. No cômodo havia oito pessoas: duas pessoas atrás de mim saíram do cômodo; minha sonâmbula dormiu logo e me disse:

– Essas duas pessoas que saíram absorveram todo o fluido.

O mesmo efeito ocorreu devido a um gato que sempre chegava no cômodo quando eu estava magnetizando; ele estava numa cadeira ao lado da minha sonâmbula que eu não conseguia adormecer. Veio-me à cabeça que esse gato fosse um obstáculo e eu o levei à porta. O sono chegou imediatamente e a pessoa dormiu bem. Alguém me chamou e eu saí por um instante; o gato aproveitou para retornar ao quarto e retomar seu lugar na cadeira; cinco minutos depois eu voltei e a sonâmbula estava acordada, pois o gato tinha absorvido todo o fluido.

Há pessoas que absorvem o fluido como uma esponja absorve a água de um vaso. As pessoas fracas de temperamento e os paralíticos são desta natureza: eles cansam seus magnetizadores.

Um senhor incrédulo foi levado por uma parenta até meu sonâmbulo. Este senhor foi lá mais para se divertir do que para conhecer a sério o que acontecia. Este homem, de aparência forte, relaxado, levava uma vida alegre de todas as formas. Uma de suas queixas era que seu abdômen inchava desmesuradamente, o que não era contínuo; mas no momento em que meu sonâmbulo pegava suas mãos, este senhor desabotoava seu colete e depois um, dois botões e, por fim, toda a cintura da calça. O que intrigava é que o sonâmbulo fazia com que tanto este senhor, como nós, ríssemos como loucos. Enfim, este senhor, sofrendo, se aborreceu e perguntou ao sonâmbulo por uma explicação. O sonâmbulo se irritou também e lhe disse:

– Você que é a causa disso; veja, toque na minha barriga e veja se ela poderia se sustentar na minha calça.

Ele verifica: de fato, ele era forçado a agir assim. O senhor começa a crer que o sonambulismo é algo maravilhoso.

– Agora –, diz ele ao sonâmbulo, – dê-me meu remédio.

– Não, não vou lhe dar.

– Por quê?

– Primeiro, porque você não acredita e você não o tomaria.

– Quem te disse isso?

– Eu vejo bem.

– Se eu lhe recompensar, você não muda de ideia?

– De forma alguma... pode me dar 500 francos que eu não lhe direi.

– E se eu lhe prometer tomar o remédio?

– Você prometeria que não tem palavra; seria necessário que você abandonasse todas as suas amantes, que parasse de beber vinho, licores e café.

– Que história é essa de que eu tenho amantes?

– Eu vejo bem; sou capaz de dizer os nomes e endereços delas; você percebe que estou em total relação com você e eu sou você neste momento. De resto, já estou cansado, pois me faz mal ficar assim; deixe minha barriga livre, por favor.

Eu coloquei minhas mãos sobre seu ventre e víamos minhas mãos descerem ao máximo. Ele abotoa sua roupa e mostra sua cintura: neste intervalo passaria um pão bem grande. Eu o acordo.

Sua parenta me diz:

– Ele tem certeza de que não teria feito isso.

A irmã deste sonâmbulo, chamada Eugénie, também era minha sonâmbula. Na segunda magnetização, ela predisse que se fosse magnetizada por quinze dias seguidos, exatamente na mesma hora (sem esta exatidão ela teria uma crise nervosa ou ficaria doente um dia inteiro, o que foi verificado todos os dias seguintes), teria, no décimo quinto dia, uma crise terrível de raiva, de loucura, com duração de três horas, após as quais ela ficaria sonâmbula. Esta declaração foi feita à Sociedade Magnetológica e registrada em seus processos verbais com quinze dias de antecedência. A Sociedade enviou três de seus membros para verificação dos fatos. Tudo aconteceu como previsto. As três horas de duração deviam terminar às 14:35h; às 14 horas, num momento de descanso, eu perguntei:

–Ainda não acabou?

– Não, eu ainda terei uma crise e às 14:35 eu entrarei em êxtase, cantarei e ficarei sonâmbula.

Na hora indicada, ela se ajoelhou, com as mãos postas em direção ao céu e cantou. Depois levantou-se, e me disse, toda feliz;

– Acorde-me eu serei uma boa sonâmbula para as doenças, as viagens, enfim, para tudo o que o senhor desejar.

Eu a observei por 18 meses e ela fez coisas lindas. Casou-se com um músico militar que fez com que ela participasse da campanha de Roma.[19] Quando ela estava em relação com alguma mulher grávida, adquiria o mesmo tamanho desta.

O seguinte fato apoia a opinião emitida acima: às vezes acontece de o indivíduo não apresentar, logo, todos os efeitos sensíveis da magnetização.

A mãe de uma jovem de Bolonha me contou que sua filha, então com 18 anos, havia caído, aos cinco anos, entre as patas de um cavalo que havia pisoteado todo o seu corpo, mas, especialmente, uma perna. Ela me disse que a jovem tinha um tumor no joelho direito, que a perna havia encurtado mais de três polegadas, que um joelho era duas vezes maior que o outro e que não podia ser flexionado. A moça sofre demais, seja de pé, sentada ou deitada, desde os treze anos e passou quase toda sua existência em hospitais. Ela esteve várias vezes no hospital de Beaujon. Eu a tirei do hospital para que o senhor a visse, mas como não o havíamos encontrado, ela foi obrigada a retornar ao hospital. No dia seguinte, queimaram a perna dela diversas vezes com ferros incandescentes, alegando que se esse

[19] N.T. Ou Campanha da Itália – o exército francês conquistou os territórios que hoje são unificados como Itália.

tratamento não obtivesse sucesso, a única solução seria cortar a perna.

Eu recomendei à mãe de não autorizar esta cirurgia sem me comunicar antes. Passaram-se quatro meses sem que eu ouvisse falar delas, mas um dia um carro parou diante da minha porta; conduziram a moça até mim. A mãe, com os olhos em lágrimas, me disse:

– O senhor recomendou que eu não deixasse cortarem a perna da minha filha sem lhe comunicar; ela está bem decidida a ir à sala de amputação, pois ela está sofrendo muito.

Eu me responsabilizei pelos cuidados desta jovem e me entreguei ao dever de magnetizá-la todos os dias à mesma hora. Ela parecia completamente indiferente aos efeitos magnéticos; seria uma perda de tempo fazê-la dormir. Então eu magnetizei a perna, sem que ela tivesse resposta alguma e acabei fazendo uma magnetização geral, durante meia hora. Depois eu lhe dei para beber água magnética durante todo o dia e, nas refeições, misturada ao vinho. Na primeira sessão, eu medi sua perna, que mostrava 39 cm abaixo do joelho e 35 cm acima. O lado esquerdo media 32 e 28 cm, respectivamente. Ao final de oito a dez dias, as dores haviam desaparecido e, a cada semana, constatávamos uma redução nessas dores. Dois meses depois, não estava mais forte que a outra, pois a questão era, principalmente, alongar a perna, alongar os nervos, restabelecer a sinóvia[20]. Eu magnetizei, por fricção, de cima para baixo, mobilizando delicadamente a perna, fazendo-a ajoelhar sobre um móvel um pouco elevado, depois, um pouco mais baixo e, a seguir, sobre uma banqueta. Um mês após, das três polegadas de diferença, restava apenas uma, e quinze dias após, ela me disse:

– Eu não posso mais ficar (por três meses e meio), estou com muita vontade de ver minha cidade e de ir a Saint-Cloud com meus amigos.

Não consegui fazer com que ela ficasse mais quinze dias; é provável que ela não estivesse mais mancando. Agora ela está casada e tanto a mãe quanto a filha mantêm balanças no parque Saint Cloud, onde se pode ir para se pesar. O que a inquietava era saber como ela se habituaria a beber água não magnetizada.

Várias vezes tentaram enganá-la, dizendo: – sua gar-

[20] Sinóvia – Humor transparente e viscoso que lubrifica as articulações e que é secretado pela membrana sinovial.

rafa de água está magnetizada –; após provar, ela rejeitava e não mais bebia dessa água.

Um serralheiro que trabalhava para mim há quinze anos e esse número de anos deu-lhe o direito, sem perder o respeito que ele me devia, a se divertir com brincadeiras sobre o magnetismo todas as vezes em que havia ocasião para tal. Isto acontecia com frequência.

Um de meus criados conduzia um carrinho de mão, quando a roda se soltou e bateu em seu peito. Ele me pediu para se deitar e colocar um cataplasma que lhe haviam indicado. O que o deixava mais aborrecido era não poder trabalhar por vários dias. Eu sugeri que ele chegasse perto de mim e o magnetizei por 20 minutos; ele se sentiu aliviado. Eu magnetizei meio copo de água que ele bebeu; depois, bebeu meia garrafa de água magnetizada e disse a ele que fosse se deitar e fazer uma compressa de água magnetizada no local atingido pelo carrinho de mão. No dia seguinte, este homem havia chegado às seis horas da manhã ao trabalho, agradecendo-me e dizendo que não estava sentindo mais nada.

Poucos dias após, o serralheiro, chamado Lachambre veio a mim mancando, sem poder respirar, enrolado num cataplasma, e me pediu que o magnetizasse. Contou-me com dificuldade, pois respirava de forma ofegante, que estava subindo uma escada escura, carregando um peso nas costas, quando caiu sobre uma plataforma que estava num muro. Ele caiu de costas num degrau da escada e perdeu a consciência. O médico que lhe receitou o cataplasma avisou a ele que seriam necessários, no mínimo, quinze dias sem trabalhar.

Após nossa conversa, lembrei a ele de suas próprias palavras: "O magnetismo é uma bobagem". Eu disse:

– Não, não vou lhe magnetizar (apesar de, no fundo, eu não querer dizer isso). Você me disse vinte vezes que isso era uma bobagem; você se dizia surpreso com o fato de que um homem de minha idade pudesse acreditar em tais malabarismos...

Este pobre rapaz, pai de família, ficou desolado, me suplicou e me respondeu:

– Eu me enganei, o senhor curou, como por milagre, meu colega; sei que o que eu tenho é bem mais grave do que aconteceu com ele. Eu sinto dores no peito, no estômago, mas onde dói mais é entre as duas escápulas.

Falei para ele se sentar e comecei a magnetizá-lo por

passes longitudinais, da nuca à região dos rins. Só não repeti duas ou três vezes os passes, pois ele gritava a ponto de ser ouvido em toda a casa, pedindo-me para que eliminasse as dores. Eu me afastei um pouco e fiquei a cinco pés de distância dele. Ao fim de cinco minutos de magnetização, ele soltou um último grito, dizendo:

– Estou respirando, estou curado, obrigado.

Eu lhe dei passes gerais e de grandes correntes, para terminar.

– Eu acreditei que o senhor me arrancava as entranhas com seus dedos",ele observou.

– Agora você acredita no magnetismo?

– Sim, eu me lembrarei disso e amanhã vou trabalhar. Muito, muito obrigado!

Falemos agora de pessoas que ainda não foram magnetizadas e que desejam provar os efeitos magnéticos ou que buscam o sonambulismo. Já descrevemos como devem estar situados o magnetizado e o magnetizador.

Coloque-se numa cadeira um pouco mais elevada do que a da outra pessoa e, após um instante de recolhimento, com os dedos postos sobre os joelhos, fixe-a no seu olhar por dois a cinco minutos. Eleve seus braços com delicadeza na altura das sobrancelhas, e a ponta dos dedos na raiz do nariz; permaneça dois a três minutos nesta posição e depois desça lentamente a duas polegadas em torno da face, e daí ao queixo. Eleve o pulso, baixando a ponta dos dedos, numa espécie de inclinação de sua mão. Sua vontade deve fazer o mesmo efeito, ou seja, mantenha sua vontade todo o tempo em que descer o passe e abandone-a ao subir: nunca se deve magnetizar subindo as mãos, exceto em casos raros excepcionais.

Refaça esses passes cinco ou seis vezes, sempre se detendo um pouco no alto. Depois, com as duas mãos, contorne a cabeça com o fluido e, a seguir, com seus dedos reunidos em forma de ponta diante do ouvido, você terá a vontade de isolar sua pessoa de qualquer barulho exterior. Mais adiante veremos os casos que fazem exceção à regra que acabamos de indicar. Recomece os passes e desça-os até o epigástrio várias vezes. Coloque sua mão acima da testa, no topo da cabeça, a uma polegada de distância. Evitando tocar no crânio, as pessoas terão mais ou menos necessidade de ter a cabeça carregada. Se você sentir que foram produzidos poucos efeitos, pode deixar seus dedos na frente do epigástrio, que é um grande centro nervoso, cujas ramificações ajudam a fazer com que o fluido retorne ao cérebro. E é no cérebro que se produzem os efeitos do sono e do sonambulismo. Também se deve deixar sua mão em forma de ponta a uma distância bem pequena da raiz do nariz.

Se, após 20 a 25 minutos, o sono não aparecer, você deve redefinir um dia próximo da primeira sessão a fim de não perder a influência desta sessão. Não deixe seu paciente de forma brusca; faça passes sucessivos da cabeça ao abdômen, das coxas às extremidades inferiores das pernas ou até os pés. Depois, passes que os magnetizadores chamam de "grande corrente" ou seja, da cabeça aos pés. Faça passes transversais entre oito a dez polegadas da cabeça e diante toda a superfície do corpo; estes passes são feitos apresentando as duas mãos aproximadas e sendo separadas bruscamente uma da outra, como para afastar a superabundância de fluido que pode carregar a pessoa, esteja ela doente ou não. Vários magnetizadores sacodem levemente seus dedos após cada passe que é dado: este procedimento, que nunca é nocivo, é vantajoso em certos casos e é bom habituar-se a ele. Se tais procedimentos não forem suficientes para liberar a cabeça, acrescente os indicados anteriormente para a enxaqueca.

Enfim, trata-se de um procedimento por onde se pode terminar a magnetização. Ele consiste em se colocar ao lado da pessoa, que permanece de pé e, a uma pequena distância, com as duas mãos – uma diante do corpo e a outra atrás das costas – fazer sete ou oito passes, começando acima da cabeça e descendo ao estômago, ao longo do qual as mãos são afastadas. Este procedimento libera a cabeça e restabelece o equilíbrio.

Para fazer passes, não é necessário empregar uma força muscular diferente da que é indispensável; para sustentar as mãos, deve-se estar relaxado durante seus movimentos. Os dedos da mão devem estar um pouco separados e levemente encurvados, de forma que as suas extremidades fiquem dirigidas à pessoa a ser magnetizada.

Terceira lição
Dos efeitos do magnetismo

Os fenômenos que as pessoas submetidas à ação magnética apresentam são muito variados e numerosos. Os mais comuns são piscadas frequentes, uma palidez espontânea ou uma vermelhidão súbita, uma sensação de calor ou de frio na cabeça, no epigástrio ou nas extremidades, uma dormência geral ou parcial muito pronunciada, sobretudo nas extremidades dos membros,um leve formigamento no intestino, contrações musculares, espasmos, aceleração ou lentificação da circulação, palpitações violentas, borborigmos, alongamentos, sensações de dores antigas, um estado de calma e bem estar indizíveis. Ou, ao contrário, uma sensação de mal estar e fragilidade geral, uma sonolência maior ou menor, análoga ao coma, um sono mais ou menos profundo.

Como dissemos, tais efeitos não são obtidos da mesma forma em todas as pessoas. Há pessoas que submetem por horas inteiras à ação de magnetizadores muito poderosos e que nunca experimentaram nada importante, e certos indivíduos percebem efeitos bem diferentes daqueles que se manifestam em outros. Alguns são dotados de uma sensibilidade impressionante; outros são pouco impressionáveis. Por outro lado, podemos perceber sem dificuldade que as mesmas pessoas que, em estado de perfeita saúde, não tenham sentido qualquer ação do magnetismo, entram em crise com bastante facilidade caso venham a sofrer alguma doença.

As pessoas robustas e que se desenvolvem bem, quando se submetem à ação magnética, são menos dispostas a experimentar os efeitos. Observamos que as pessoas mais impressionáveis à ação magnética são aquelas cuja saúde é, pelo menos, oscilante. Podemos afirmar que todo indivíduo que experimenta com facilidade grandes efeitos magnéticos não goza, de forma alguma, de saúde perfeita. Se essas pessoas experimentam efeitos facilmente observáveis, é porque a natureza precisou ser deixada de lado para restabelecer ou regularizar uma harmonia perdida. Observemos que entre as pessoas de aparência forte há muitas que carregam o germe de alguma doença; os epilépticos que têm crises nervosas periódicas, frequentemente parecem saudáveis, e é necessário conhecê-los para acreditar que estão doentes.

Um dia em que eu visitava uma casa, o dono desta casa me pediu que magnetizasse uma senhora que lá estava. Ao ver esta mulher, forte, aparentemente bem saudável, tive vontade de desistir; eu estava na casa de um incrédulo conhecido e quase me convenci de que não encontraria os efeitos visíveis, mas enfim, me decidi. Os primeiros passes nada produziram, mas, ao fim de dois minutos, eu vi contrações musculares que sugeriam uma crise que poderia se tornar forte. A prudência me fez suspender o procedimento, eu a acalmei e a liberei.

A mulher me disse:

– O senhor cometeu um erro ao suspender o procedimento, pois sinto que eu iria ficar bem.

Eu ofereci um recomeço, ela aceitou e, em pouco tempo, ela teve uma crise que durou cerca de meia hora; deixei a crise atingir seu apogeu, sustentando-a pela minha vontade e por alguns passes de grande corrente. Quando ela voltou a si, bem tranquila, me disse:

– Estou muito bem, pena que vivamos tão longe um do outro (ela morava na Porte Saint-Martin e eu, perto da igreja da Madeleine), senão eu lhe pediria para que me fizesse ter essas crises lá, pois elas me curariam desta infame doença.

Ela não estava enganada, pois o magnetismo pode curar nove em cada dez epilépticos.

Todos os magnetizadores sabem que a catalepsia artificial é muito fácil de ocorrer em alguns indivíduos que já dormiram o sono magnético, mas pode-se encontrar pessoas que não mostram disposição ao sono e, não obstante, apresentam fenômenos de catalepsia.

O mesmo ocorre para os fenômenos da atração em inúmeros indivíduos. Basta, em geral, executar alguns passes no epigástrio, para que eles sejam jogados à frente, e os passes na espinha os empurram para trás. É notável que, quanto mais se afasta, maior é a força de atração. Afastando-nos, devemos abaixar a mão, colocando-a no chão até que se alcance uma boa distância, pois o fluido radiante tem uma tendência a subir. Se ocorrer fraqueza nas pernas ou se o indivíduo apresentar resistência, podem ocorrer tremores que devem ser evitados para impedir uma queda. Mantenha sua vontade e o indivíduo cairá em seus braços, como a agulha sobre o ferro imantado. Há pessoas tão impressionáveis à atração, que podem ser atiradas por cima de uma parede, de uma divisória e permanecerem como se fossem crucificadas. Podem ainda ser colocadas de costas e apoiadas por quatro, cinco ou seis pessoas; são suscetíveis de serem deslocadas, com o magnetizador exercendo a atração sobre a pessoa e se afastando do grupo. Pode-se, ao se magnetizar o encosto e o assento de uma cadeira, com a vontade de ligar as pessoas a essa cadeira, fazê-las sentar a ponto de elas não poderem mais se reerguer.

Ainda encontramos, algumas vezes, na primeira magnetização, paralisia momentânea, parcial ou geral, com bastante frequência, da língua ou da mandíbula. Este fenômeno se apresenta, com alguma frequência, quando a pessoa está buscando adormecer, pois, para chegar a este resultado, você, necessariamente, faz com que a cabeça fique carregada, quando o fluido chega com abundância nesses locais e os infla. Neste caso, para fazer cessar tal estado, serão suficientes alguns passes transversais diante da boca e liberar todo o maxilar através de fricções leves (a partir do osso da mandíbula).

As pessoas sensíveis à atração também o são à repulsão, por uma vontade contrária à primeira, essas pessoas podem ser repelidas. Um dia, num momento de mau humor, eu repeli um de meus pacientes, à distância, por um gesto brusco. Ele caiu para trás como se tivesse sido atingido por um raio.

Este fato me fez lembrar de um outro. Eu conheci duas irmãs; uma era incrédula e a outra, que já havia experimentado os bons efeitos do magnetismo – meio pelo qual ela foi tratada. Ela tinha mesmo que acreditar no magnetismo, pois quando sofria de enxaqueca, implorava para o magnetizador com quem estava que lhe aliviasse seu sofrimento. Ele lhe soprou a cabeça, depois a testa, fez passes descendentes da cabeça ao epigástrio e do epigástrio aos pés. Ele pôs as mãos no joelho por cinco minutos com a vontade de liberar a cabeça e terminou por passes de grandes correntes, da cabeça aos pés. A enxaqueca desapareceu e o magnetizador ficou muito feliz com isso. Mas a irmã, que havia observado com sangue frio toda essa cena, teve uma crise de riso, ironizando o magnetizador, que corou. Ele lançou a mão com força sobre a cabeça da moça, que estava diante dele, dizendo:

– Eu gostaria de que o mal que acabei de fazer desaparecer caia sobre sua cabeça.

Ela foi atingida e levou a mão à testa, chorando muito.

Este efeito, produzido pela cólera, não seria a explicação para as pragas que são jogadas por pessoas que encontramos no interior do país e que agem sobre espíritos fracos? Elas agem mais facilmente quando são destinadas a alguém, quando são temidas, e sua força magnética aumenta pelo sucesso de sua prática reprovável. Outros casos, que felizmente estão em maior número, têm o poder e a virtude que dizem vir de cima, ou serem herdados de pai para filhos. Trata-se da cura de distensões, entorses, escrófulas[21] e outros males humanos ou animais. Com frequência, tais poderes vêm desde tempos remotos; quase todos estão ligados a preces, cruzes, palavras cabalísticas e, em vários casos, há cura. Essas pessoas nem sabem que o que fazem é magnetismo. Todos os dias curamos escrófulas recentes com uma única magnetização.

Um de meus parentes, que trabalha na prisão de Poissy, enviou-me um bilhete por um condutor de carroça de Poissy, que estacionou sua carroça na minha porta. Ele estava com o pé muito machucado e teve muita dificuldade de chegar até minha casa, a 50 passos da rua. Eu o magnetizei em torno de 20 a 25 minutos e perguntei como pretendia retornar a Poissy; ele disse que havia deixado a carroça logo em frente à minha casa. Este homem se levantou, apoiado sobre as duas pernas, surpreso de não ter mais as fortes dores. Eu recomendei que ele não forçasse muito a perna doente e ele me respondeu que havia bastante palha na carroça e que ele manteria a perna elevada. Dois dias após, ele veio a pé, de Poissy, para me agradecer, relatando que, após a magnetização, não havia encontrado mais sua carroça, pois um de seus amigos a havia visto sem passageiros por bastante tempo e a levou de volta. Ele conseguiu encontrá-los apenas na barreira da Étoile, tendo ido até lá a pé desde a Madeleine.

Indo a Sèvres, eu estava numa carruagem pública e,

[21] N.T. O que, atualmente, poderia ser atribuído à tuberculose ganglionar

diante de mim, havia uma mulher que levava em seu colo uma criança de quatro anos. Esta criança, de temperamento linfático, tinha os olhos injetados de sangue e de líquido e não suportava a luz; a mãe contou que já havia visitado todos os médicos de Saint-Cloud e de Sèvres, onde ela morava, e consultara também diversos médicos de Paris, inclusive estava saindo de uma consulta. Seu filho também tinha retenção de urina. Um médico disse que havia uma pedra e que era necessário passar uma sonda, o outro colocou nele três vesicatórios[22]. Há bastante tempo ele estava doente e aconselharam à mãe que o internasse no hospital Enfant-Jésus. Ela não conseguia se decidir, ainda que lhe custasse muito dinheiro. Um raio de sol atingiu a criança e o incomodou muito, a ponto de a mulher mudar de lugar e sentar-se ao meu lado. Foi quando eu lhe disse que poderia oferecer um método de curar seu filho sem qualquer custo. Ela me pediu a receita.

– Não posso dar uma receita dentro deste carro, vá à minha casa.

Dei meu endereço. Ela me informou que era a tia da criança e que conversaria com a mãe. No dia seguinte, a mãe e a criança chegaram. Era uma mulher saudável, educada e parecia inteligente (esta mulher era responsável por uma tinturaria em Saint-Cloud). Eu disse a ela:

– Vou lhe mostrar como magnetizar seu filho, desde que a senhora não conte isso a ninguém; há idiotas negacionistas que acham que se trata de bobagens e a senhora perderia todo seu poder magnético. Prometa-me que vai fazer tudo sem contar a ninguém?

Ela me prometeu. Eu magnetizei seu filho por quinze minutos, peguei um quarto de um copo d'água que também magnetizei e dei para o menino doente beber. Pedi que sua mãe se comprometesse a fazer o mesmo à noite e pela manhã; ela me prometeu e foi embora.

Seis semanas depois, uma doente chegou da parte desta mulher pedir minha ajuda, dizendo que a criança estava muito bem, que os olhos estavam normais e a pele rosada. Eu quis vê-lo, pedi o endereço e no dia seguinte fui com uma das minhas filhas visitar a criança; chegando a Saint-Cloud, fui me certificar, pelo endereço indicado, se era ali que vivia uma criança cujos olhos estavam doentes. Responderam-me que sim e que ele estava brincando de

[22] N.T. Medicamentos que são passados na pele e que provocam o aparecimento de bolhas. Na época eram usados em diversas doenças.

correr com seus amigos; enviaram duas trabalhadoras da tinturaria à busca da criança e, por fim, a encontraram, Ele havia se tornado um lindo menino. O que me surpreendeu foi a mãe não ter vindo e eu via que as pessoas se perguntavam:

– Quem é, afinal, este senhor, que tanto se interessa por esta criança?

Depois eu me dei conta: ela estava com a perna envolvida por um pano e andava com dificuldade em minha direção.

– O que a senhora tem?, eu perguntei.

– Eu machuquei o pé ontem e estou com muitas dores, senão eu teria corrido para lhe agradecer.

Eu perguntei porque ela não havia pedido a seu marido para magnetizar o pé.

– O senhor me fez prometer não contar a ninguém o que me havia ensinado e eu não contei nem mesmo ao meu marido.

Fiquei feliz por ela ter sido tão discreta.

– Muito bem, vou mostrar ao seu marido como se magnetiza seu problema, o que fiz durante cinco minutos: imposição das mãos, leves fricções, alguns passes. Disse ao marido (filho de Pierre Sevin, tintureiro em Saint-Cloud, rue du Nord, 9):

– O senhor vai fazer isso por quinze minutos esta noite, antes de se deitar; amanhã, repita se as dores persistirem.

No dia seguinte, a mulher foi a Paris e me disse:

– Meu marido nem precisou me magnetizar, pois desde a noite passada estou me sentindo muito bem.

A Senhora X...., tintureira em Boulogne, na estrada da Rainha, parente do Sr. Raffard, estava muito doente e foi transportada sem consciência ao hospital Saint-Louis, onde permaneceu por oito meses. Aos poucos sua saúde se restabeleceu, mas uma única coisa a incomodava: seu braço direito ficou paralisado e ela precisava mantê-lo numa tipoia. Ela perguntou ao médico o que ele achava do seu braço e ele lhe respondeu que ela poderia ir de alta quando quisesse, pois esse braço jamais lhe seria útil. Ela contou à sua mãe, que a fez voltar para casa.

O Sr. Raffard era meu tintureiro; ele sabia que eu lidava com magnetismo e aconselhou à sua mãe de me procurar, o que foi feito. Chegamos ao acordo de que, como ela só poderia vir duas vezes por semana à minha casa no carro do meu tintureiro, eu magnetizaria seu braço nesses dias. Eu mostraria à mãe, mulher forte e inteligente, como magnetizar nos demais dias. Quinze dias após, os dedos pareciam mostrar algum movimento. "Força!", eu dizia à mãe, "nós chegaremos lá". De fato, três meses depois, ela já conseguia retomar seu trabalho. No ano seguinte eu a vi: ela carregava uma criança de dois anos e meio neste mesmo braço e, rindo, observou: "Este braço está mais forte que o outro."

Um membro da Sociedade Filantrópico-Magnética foi encarregado de magnetizar uma jovem de 21 anos, a pedido de sua pobre mãe, parteira de La Chapelle, perto de Paris. O médico do local havia abandonado a doente, considerando-a como doente dos pulmões no último grau. A mãe, que possuía alguns conhecimentos médicos, não duvidava da possibilidade de perda, bem próxima, de sua filha e, assim, ela recorreu ao magnetismo. Um médico de nossa sociedade foi encarregado de visitar a doente. Ele a encontrou num estado desesperado; ela não conseguia segurar em nada, nada podia engolir. No dia seguinte, eu estava presente na magnetização, e a mãe me falou baixinho, no ouvido:

– Este bom Dr. Delacourt (o magnetizador) está perdendo tempo, pois ele não a salvará.

O magnetizador ouviu essas últimas palavras.

– Sim, eu a salvarei –, ele disse, e continuou a magnetizar; depois ele pediu leite quente com açúcar, magnetizou essa bebida e deu algumas gotas para a doente, que as engoliu e não as rejeitou, para grande surpresa da mãe. No dia seguinte, ele fez com que ela bebesse uma sopa magnetizada. Enfim, quinze dias depois ela já comia uma pequena costeleta. Após três meses de magnetização, ela foi à igreja agradecer ao Criador pelo poder que este deu ao homem em ser útil a seus semelhantes.

Não vou omitir aqui nenhuma particularidade: o pai da moça trabalha no porto; ele ficou tão feliz, que todos os homens do porto assistiram à missa da ressuscitada, assim ele dizia. Na saída, ele bebeu muito vinho, em honra ao feliz resultado e esse homem, forte, não se aguentava mais nas pernas para voltar para casa; chegou carregado.

Seis meses depois, a moça estava forte e saudável.

Do magnetismo nos animais

Os animais de qualquer espécie também são sensíveis ao magnetismo e experimentam resultados muito bons. Eu diria até que os efeitos são mais rápidos, pela razão de eles não oporem à nossa ação qualquer espécie de resistência, de vontade, de desejo, seja isso bom ou mau. Já foram obtidos resultados felizes e, se não foram numerosos, isso se deve às poucas tentativas feitas ou à falta de divulgação. Pode-se produzir insensibilidade sobre os animais. Um magnetizador, cujo nome vou omitir, teve a crueldade – numa sessão pública para provar a real insensibilidade – de cortar as quatro patas de um gato. O animal não se mexeu durante o procedimento, mas depois... foi necessário realizar uma eutanásia.

Tratamento magnético de uma vaca

Os curiosos detalhes que se seguem são dirigidos ao dr. Elliotson, por uma espírita americana, bem conhecida na França, Miss Martineau.

O amável escrivão registra, com todo o encanto que lhe é conhecido, como a pobre Alsie (é este o nome da vaca) foi atingida por um mal tão violento, que o veterinário, após realizar a sangria e administrar os mais enérgicos remédios, declarou, na segunda visita ao animal, que não havia recursos e que ela não chegaria viva ao dia seguinte. Alsie estava morrendo; tinha olhos ternos e úmidos, as narinas secas, a boca e a garganta muito quentes, os membros agitados, com movimentos convulsivos, a respiração se esvaindo e, apesar da febre ardente que a devorava, estava coberta de um suor frio e viscoso. Às 22 horas, Alsie estava estendida no seu estábulo, esperando o último suspiro. Miss Matineau considerou o magnetismo quase envergonhada, mas levada pelo desejo de salvar um animal ao qual ela tinha um afeto particular. Ela ordenou que um dos ajudantes da fazenda – cujo filho ela havia magnetizado alguns dias antes – magnetizasse Alsie, sob sua orientação, repetindo passes e toques.

Por experiência, ela sabia que os gatos são mais sensíveis à ação magnética. Ela viu Sullivan empregá-la com sucesso para o treinamento de cavalos e Catlin, que aprendera com os indianos, a usar a ação magnética com búfalos. À meia noite, a experiência começou por passes longitudinais sobre a espinha dorsal, da cabeça à cauda, aos quais sucederam passes transversais sobre seu peito. Em alguns momentos, manifesta-se uma melhora marcante: a respiração se torna mais fácil, o olhar melhora, a boca fica mais úmida, e a vaca dorme sob a ação benéfica do fluido. No dia seguinte, o veterinário não conseguia acreditar em seus olhos, que a viam viva. Entretanto, uma nova crise ocorreu; percebendo a recaída, Miss Martineau prescreveu o mesmo tratamento e Alsie, definitivamente recuperada, ergueu-se feliz e saudável, caminhando pelos campos.

Magnetização de um cavalo

O sr. Letur, membro da Sociedade Filantrópico-Magnética, ao visitar o sr. Withney, novo membro desta Sociedade, encontrou-o aborrecido. Ele estava no estábulo, perto de um cavalo inglês puro-sangue, que se encontrava em vias de cair. Suas patas tremiam e, como não havia palha no chão, temiam que ele não suportasse. As orelhas estavam frias e seus flancos tremiam. O sr. Letur perguntou ao sr. Withney se ele não havia pensado em magnetizar o cavalo.

– Não, eu ainda sou um aprendiz e não tenho confiança em mim com esse procedimento.

O sr. Letur iniciou os trabalhos; colocou uma das mãos na coluna vertebral e a outra abaixo do ventre do animal; após dez minutos, os tremores cessaram. Durante os dez minutos seguintes, ele lhe deu passes de grandes correntes desde o final do pescoço até a garupa, ao longo da coluna; depois, em cada flanco. Após 20 minutos, as orelhas voltaram a se aquecer e o cavalo conseguiu caminhar. Voltou ao seu estado normal, para grande satisfação de seu tutor.

Efeitos do magnetismo sobre os vegetais

Sabemos que o homem pode atuar magneticamente sobre o homem, sobre os animais e sobre seu próprio organismo. Assim, ele é capaz de emitir, transpor, modificar, absorver, dirigir os fluidos nervosos de natureza boa ou má. Pode agir para o bem ou para o mal, segundo suas intenções; pode repor suas próprias forças independentemente de seus semelhantes ou de certos animais. Mas seu poder não se limita aí. Todos os magnetizadores sabem que os vegetais, assim como os animais, podem experimentar, da parte do magnetismo do homem, influências salutares ou funestas, segundo a intenção da vontade de quem atua. Nós não fizemos nos vegetais o número de experiências que desejávamos, entretanto, magnetizamos vários arbustos, com a finalidade de modificar seu aspecto e alcançamos pleno sucesso. Um arbusto frágil, extremamente mirrado, deve ser magnetizado todos os dias, de manhã e de noite. Se for um arbusto no campo, magnetiza-se de dez a quinze minutos, da copa para a base e, depois, da base para as raízes; se for um arbusto no vaso, deve-se regá-lo com água magnetizada, o que faz muito bem para os brotos e as sementes. O arbusto vai tornar-se de uma beleza e força impressionantes em menos de um mês. Entretanto, um outro arbusto da mesma família, de folhagem admirável, situado nas mesmas condições de terreno e de cuidados dos primeiros, magnetizado com o mesmo intervalo de tempo, mas com uma intenção oposta, vai perder suas folhas pouco a pouco, sua coloração verde e, definitivamente, fica enfraquecido.

Aplicação do magnetismo aos vegetais

(Pelo dr. Picard, médico e dentista em Saint Quentin)

Impressionado com a unidade do princípio vital em todos os seres organizados, aos quais sempre retornam meus sonâmbulos que passaram ao estado de êxtase, eu resolvi realizar a aplicação do magnetismo animal sobre os vegetais e estudar seus efeitos. Apesar da pouca garantia, eu decidi experimentar e eis o que ocorreu:

No dia 5 de abril, enxertei seis mudas de rosa em seis belas e vigorosas roseiras; eu as havia escolhido num mesmo local, pois me era fácil, já que em outubro eu plantei 1500. Abandonei cinco delas ao seu crescimento natural e magnetizei a sexta (uma roseira da rainha) de manhã e à noite, em torno de apenas cinco minutos. No décimo dia, a magnetizada, que designei como número 1, já havia desenvolvido dois brotos de 1 cm de comprimento; no vigésimo dia, as outras cinco começaram a mostrar a folhagem. No dia 10 de maio, a número 1 já tinha dois belos brotos de 40 cm de altura, com dez botões e as outras tinham 5 a 6 cm e os botões nem apareciam. Enfim, a número 1 floriu no dia 20 de maio e deu sucessivamente, dez belas rosas; suas folhas tinham em torno do dobro das folhas das outras roseiras. Eis suas medidas: 18 cm de comprimento entre a haste e a extremidade do folíolo terminal, que tinha 8 cm de comprimento e 4 cm de largura. Eu podei a flor envelhecida e em julho ela havia adquirido 42 cm e me deu, no dia 25, oito novas rosas; eu podei novamente a 45 cm e hoje, 26 de agosto, ela forma uma linda coroa com doze ramos floridos de 64 cm de altura. Assim, este enxerto feito em 5 de abril deu, em duas florações, 18 belas rosas e ainda está a ponto de florescer uma terceira vez, e, dos ramos que eu podei, tirei 38 amostras e muitas delas deram flores por três semanas. Enquanto isso, das outras cinco, que só floresceram no final de junho, seus ramos só alcançaram 15 a 25 cm; na verdade, só um chegou aos 20 cm.

Animado por essas experiências, feitas sem certeza, e desejando observar de maneira mais precisa e conclusiva, no dia 14 de maio, plantei três rosas Devoniensis. Eu as enumerei como 1, 2 e 3. A n° 1 foi logo magnetizada e deixei as outras duas ao sabor da natureza. No dia 10 de junho, a n° 1 possuía apenas um ramo de 33 cm e três botões. A n° 2 tinha 2 cm e a n° 3 tinha 3 cm.

Depois eu mudei de método e magnetizei a 1 e a 3 para que elas parassem e a 2 para que fosse além. Em 20 de julho, a 1 estava com 33 cm; dois de seus botões haviam morrido e o terceiro deu uma rosinha fraca bem simples. A 2 tinha dois belos ramos de 66 cm, com um total de 32 botões. A 3 tinha apenas 4 cm e suas folhas tinham só 3 cm de comprimento da haste à extremidade do folíolo, que só media 1 cm.

A n° 2, em 25 de julho, tinha uma bela rosa de 42 cm de diâmetro, bem dobrada e bem cheia; as pétalas eram quase tão espessas quanto as de uma camélia. Todos que a viram a admiraram. Em 14 de agosto, havia quinze rosas abertas; a menor tinha 8 cm de diâmetro. Os 35 botões haviam florescido perfeitamente.

Além das enumeradas, eu magnetizei um grande número de flores sem posicioná-las em sequência e todas são bem superiores às demais por sua bela folhagem e floração.

Enfim, eu quis levar ao extremo e saber se eu poderia atuar somente sobre uma parte de uma planta; para tanto, sobre um belo pessegueiro de frutos polpudos na espaldeira, escolhi um ramo do centro, onde havia três pêssegos. Eu os magnetizei diariamente durante uns cinco minutos e, ao fim de alguns dias, estes três pêssegos, por si só, já se faziam notar por seu volume. Eu continuei e, em 24 de agosto, colhi esses três pêssegos, que estavam completamente maduros; eles tinham 24, 22 e 21 cm de circunferência, tamanho que esta espécie de pêssego quase nunca atinge, em nosso país frio e retardatário. As folhas deste ramo eram sensivelmente mais espessas que as outras e suas nervuras tinham o dobro da largura; os outros frutos desse pessegueiro são muito bonitos. Esta árvore está no mesmo ponto de maturidade que as outras árvores e os outros jardins da região, ou seja, todas as frutas têm 14 a 15 cm de circunferência e muito provavelmente não serão colhidas antes de 20 ou 25 de setembro, ou seja, os frutos magnetizados foram colhidos maiores e com um mês de antecedência dos demais da mesma árvore e dos que a circundam.

Quarta lição

Dos efeitos terapêuticos do magnetismo

Evidentemente que, quando um magnetizador percebe o seu grau exato de poder, ele fica tentado a não crer ou a não admitir que esse poder tem seus limites; entretanto, somos forçados a reconhecer a realidade dos efeitos que nós mesmos produzimos e a admitir que cada coisa tem seu limite e seu objetivo. Mas quem ousaria mostrar os limites do magnetismo? Para isso, seria necessário saber onde termina o possível.

As pessoas estranhas à ciência do magnetismo terão, com certeza, muitas dificuldades em admitir a realidade dos fenômenos sobre os quais acabamos de falar. Entretanto, pessoas razoáveis e de boa-fé poderão, a partir daí, verificar com tanta facilidade esses tipos de efeitos, que a convicção chegará logo em seu espírito.

Por não podermos fazer deste pequeno curso um método de cura, vamos nos limitar a alguns ensinamentos.

Podemos curar e curamos todas as doenças, mas não curamos todos os doentes; sempre alcançamos sensações de alívio. Um sonâmbulo lúcido pode sempre se curar, em qualquer caso.

Os magnetizadores que se dedicam a curar utilizam diversos meios: passes, fricções, aposições, massagem magnética, além de insuflações quentes ou frias e água magnetizada. Com todos esses meios, dirigidos com inteligência por um bom magnetizador, pode-se (repito) curar os doentes que seriam abandonados até pela medicina.

Servimo-nos também de hastes de aço, de vidro ou de cristal, como condutores, para doenças dos olhos, dos ouvidos, dos dentes e para dores locais; e de placas de vidro, aço, prata ou ouro para serem aplicadas na região epigástrica, na planta dos pés ou em locais que estejam doloridos.

As pessoas que nunca foram magnetizadas, e que encontrarem na água magnetizada um gosto suave, ferruginoso ou sulfuroso, podem ser consideradas sensíveis à ação direta do magnetismo.

Por outro lado, observamos que as pessoas que, após afecções graves, fizeram uso exagerado de remédios violentos, como ópio e mercúrio são, em geral, pouco sensíveis à ação do magnetismo. Entretanto, em qualquer situação, não devemos nos deixar levar pela falta de coragem, se os resultados obtidos nessas pessoas forem nulos ou pouco aparentes, De alguma forma, o magnetismo, após algum tempo, vai modificar de maneira notável os organismos doentes.

Consideramos que é muito importante não permitir que um doente se sente onde outros se sentaram. Deve-se limpar sempre a poltrona ou a cadeira em que a pessoa vai ficar, ou, seria até melhor, reservar uma cadeira especial para a pessoa. Deixemos claro que estamos falando de pessoas com condições de se erguerem.

As enxaquecas, dores de cabeça, dores e zumbidos nos ouvidos, secreções, inflamações, dores diversas, entorses, contusões, queimaduras, congelamentos, aumento dos gânglios podem-se curar facilmente pelo magnetismo.

Vejam como procedemos nos diferentes casos:

Quando as enxaquecas são ocasionais, faça fortes passes sobre a cabeça e diretamente sobre o local da dor. Inicie com insuflações quentes para aumentar a dor e depois, mudando pouco a pouco o modo de atuar, passe para insuflações frias, com as mãos na cabeça, pois estas absorvem, para aliviar, o fluido nervoso supérfluo. Por fim, faça fricções com pressão sobre o crânio, seguidas de passes de grandes correntes da cabeça aos pés.

Quando as enxaquecas são periódicas, ou,de alguma forma, crônicas, não basta uma única sessão; é importante um tratamento contínuo. A aplicação de panos de flanela magnetizados é um auxiliar útil.

Quando a enxaqueca tem lugar no estômago, é sobre este órgão que se deve agir diretamente. Assim, magnetizamos toda a região epigástrica e fazemos fricções leves descendentes, nas coxas até a sola dos pés. Lentes magnetizadas e aplicadas na área do estômago quase sempre alcançam sucesso. Pode-se, também, dar um quarto de copo com água magnetizada; fragmentos de gelo de 11 cm x 7 cm, em torno de 5 a 6 mm de espessura, aplicados na planta dos pés após terem sido magnetizados, à noite, foram um ótimo recurso para aliviar a cabeça.

Para combater as dores de cabeça comuns, magnetizamos por passes de grandes correntes, dirigindo o sangue na direção das extremidades, que é, frequentemente, a única causa. As insuflações frias no alto da cabeça, as mãos postas nos joelhos por cinco a seis minutos, com uma forte vontade de fazer descer o sangue, foram procedimentos que sempre bem-sucedidos, na minha experiência.

Para os casos de zumbidos e dores no ouvido, colocamos as pontas dos dedos reunidas no orifício do ouvido e, após emitirmos uma certa quantidade de fluido, temos que limpá-lo com muito cuidado. A seguir, nós utilizamos, também com sucesso, em substituição aos dedos, de uma haste condutora de fluido. Tampões de algodão fortemente magnetizados e colocados na orelha são também de efeito poderoso.

Para combater os fluxos e as inflamações, magnetizamos em grandes correntes na direção da área doente e procuramos absorver o máximo possível do calórico, a fim de aliviar o paciente e restabelecer, desta forma, a circulação harmônica dos diversos fluidos. Compressas embebidas de água fria magnetizada sempre ajudam a curar. Também obtivemos efeitos muito bons com chumaços de algodão magnetizado.

Nas dores internas, cãibras e contrações musculares, magnetizamos por fricções, pressões, massagens e passes desobstrutivos.

Nos entorses, nós magnetizamos por leves pressões com as mãos, leves fricções e pequenos passes a pouca distância.

Nas contusões, magnetizamos com passes, impregnando de fluido a parte ferida e, depois, absorvemos o calórico, fazendo passes de grandes correntes. As insuflações, através de um pano dobrado várias vezes sobre a área ferida, foram bem-sucedidas com grande frequência.

Os congelamentos se curam facilmente, desde que não estejam ulcerados, com insuflações quentes, fricções bem leves, repetidas por bastante tempo. Se houver ulceração, devem-se dispensar as fricções e empregar água magnetizada em compressas principalmente à noite.

No caso de gânglios inflamados, magnetizamos, inicialmente, por passes e, em seguida, fazemos insuflações quentes através de um pano, para levar à circulação os humores que podem se liberar. A seguir, um quarto de copo com água magnetizada e vontade de fazer dela um medicamento apropriado.

Dois fatos sonambúlicos farão com que os novos magnetizadores compreendam a importância do uso da água magnetizada.

Na epilepsia, terrível doença que a medicina comum não cura mas que o magnetismo cura, sem exagero, em 80% dos casos, não se deve temer a frequência das crises. Este sinal indica uma cura próxima, pois as crises duram menos tempo e são menos fortes.

No dia 1° de fevereiro, um de meus empregados, que era sonâmbulo, chamado de A., se sentia indisposto, e no dia seguinte de manhã, sua esposa veio me dizer que ele estava muito doente. Eu pedi para que ele dormisse. Ele me disse em estado sonambúlico:

– Amanhã é meu dia de folga.

Às 2 horas me avisaram que ele não conseguia mais ficar de pé. O que teria acontecido? O sangue quer parar de correr; um reumatismo articular seguido de uma paralisia.

Eu disse: – Não se aborreça; você me disse que, em outras ocasiões, por mais grave que fosse a doença, eu lhe curaria em 48 horas; depois de amanhã você estará curado.

Eu pedi um terço de copo d'água, concentrei minha vontade fortemente e magnetizei a água com a intenção de torná-la um medicamento apropriado. Ele bebeu lentamente devido à dificuldade de engolir.

– O que você bebeu?

– Um emético.

– Quanto?

– Quinze grãos.

– O que deve ser feito?

– Lavar a raiz da planta do *marshmallow* e colocar em torno de 15 ml para ferver dentro de um litro de água, adoçar com uma colher de café de xarope de groselha e depois colocar em meus pés, em copos magnetizados.

No dia seguinte, 3 de fevereiro, ele chegou, ainda com alguma fraqueza, e me disse:

– Estou um pouco melhor, mas ainda com febre; veja meus lábios.

Havia bolhas nos lábios.

– Eu não consegui suportar os copos durante a noite toda e sentia as plantas dos pés feridas; isso me fez transpirar desde a coxa até a extremidade dos pés e eu produzi muita bile.

Quando ele dormiu, eu lhe dei um medicamento; era o mesmo, mas com menor quantidade de emético e depois eu fiz com que ele seguisse com o mesmo chá.

– Antes de eu me deitar, tenho que colocar os pés, por quinze minutos, num lava-pés com um quarto de farinha de mostarda.

No dia seguinte, 4 de fevereiro, ele retomou seu trabalho; estava um pouco fraco, pois não havia comido por três dias. Eu o fiz adormecer, a garganta ainda estava inflamada e fiz seu medicamento, a flor do *marshmallow* bem espessa; ele me devolveu a metade.

– Está ruim, não consigo beber.

– Beba tudo, você precisa.

Ele bebeu, dizendo:

– Deve-se continuar com o mesmo chá, sem groselha, para a garganta; eu não estou com febre e amanhã, tudo terminará.

Eis um fato análogo:

A Sra. M... perdeu seu sonambulismo há cinco meses. No dia 4 de fevereiro, ela me pediu que a magnetizasse e eu o fiz durante uns 20 minutos. Seus olhos se fecharam, ela não ouvia barulhos, nem se lembrava mais de como estava na véspera. Deixei que ela repousasse e ela me disse, em estado de transe sonambúlico:

– Eu tirarei meus gânglios perfeitamente curados nos primeiros dias de maio se fizer corretamente o que vejo.

– Você dorme bem?"

– Durmo, mas não vejo nada; prevejo... falam baixo aos meus ouvidos... mas tenho certeza de que vou me curar. Você precisa me magnetizar todos os dias às cinco horas, vai me dar o medicamento apropriado, seja infusão leve de chá ou de tília, ou com um quarto de folha da amendoeira, que deve ser quente. Durante o dia, vou beber uma infusão de alcaçuz com um pouco de salsaparrilha e cinco ou seis folhas de chicória; os dois primeiros, fervendo e a última, em infusão. Pela manhã, nada ou quase nada de lacticínios, costeletas ou bife; no jantar, um pouco de carne e depois, como eu gosto, vinho sem água.

Eu havia preparado uma xícara de chá, que magnetizei com vontade a fim de fazer dessa bebida um medicamento apropriado para o mal.

A pessoa replicou:

– É um purgante composto de *aloe*; se tomar às cinco horas, poderei jantar às seis, caso eu esteja sob a influência magnética por dez a quinze minutos. Vejam! Eu já sinto essa influência nos meus gânglios; quanto mais ele puxa, mais dói. Em torno de meia noite vou ter que me levantar e devo estar aquecida; não terei cólicas, mas um pouco de febre fria e uma tremedeira que não demorará muito. Eu vou dormir às nove horas.

De noite eu acordei com a Sra. M., que descia da cama. À luz de uma lamparina, vejo que era meia noite. Ela colocou três roupões, sucessivamente, no espaço de uma hora; no dia seguinte, de manhã, dois outros e, cada vez que ela voltava à sua cama, ocorria uma tremedeira nervosa geral que só cedia após a doente se esquentar.

Três dias passaram exatamente da mesma maneira. Ela me comunicou que, se ela dormisse, não seria necessário dar-lhe medicamentos que, sob a influência magnética, atuariam da mesma forma. Eu perguntei se esses três meses de purgações não iriam cansá-la demais. Ela respondeu:

– Não, se eu tomar fortificantes, tônicos. E não quero dizer que não haverá interrupções; se perceberem que isso está me cansando muito, deem-me alguma outra coisa nos intervalos.

Eu falarei mais prolongadamente deste tratamento no artigo "Sonambulismo". Apenas quis fazer observações sobre a influência dos intermediários, como a água e outros líquidos, magnetizados com a intenção de fazer deles medicamentos úteis, sem que eles tivessem, a *priori*, um efeito que os cessassem.

A catalepsia, a histeria, a loucura, a mania, a melancolia, a hipocondria, a epilepsia, a dança de São Guido, as paralisias, as síncopes, os espasmos, as cólicas, as gastrites, as dores reumáticas, as dores de gota, a asma, a atonia, os edemas, as convulsões, as neuroses, as nevralgias, as doenças escrofulosas antigas e inveteradas, as hidropisias, as obstruções de vísceras, as doenças crônicas, as dores de estômago, as palpitações, as anginas, as cloroses, as hemoptises, as hemorroidas, as hemorragias persistentes, as hemostasias, as hepatalgias, as hepatites, as inflamações cutâneas, as pitiríases, as doenças dos olhos, a surdez, a surdo-mudez, o raquitismo de jovens e uma quantidade de outras afecções graves podem ser vantajosamente tratadas pelo magnetismo. Mas é importante que isso seja dirigido com bastante habilidade, poder, sabedoria e perseverança. Os bons magnetizadores, às vezes, não conseguem curas radicais dessas doenças, mesmo quando os doentes se encontram em condições favoráveis ao magnetismo.

Nas doenças de mulheres e crianças o magnetismo é soberano.

Devemos comunicar aos práticos mais jovens que, após terem magnetizado um doente, é prudente se limpar totalmente do fluido mórbido que pode ter sido absorvido; para tanto, temos o hábito de passar as mãos no nosso corpo e, em seguida, sacudi-las, ou esfriar nossas mãos com um sopro ou mesmo lavá-las com água levemente acidulada.

Um dentista, membro da Sociedade, há algum tempo, havia magnetizado uma senhora devido a palpitações e a curou. Mas ele mesmo adquiriu a mesma doença; ficou inconsolável e eu o magnetizei. Sua dor se manteve por três dias, mesmo com insuflações quentes, que pioraram seu sofrimento; as insuflações frias e os passes longitudinais – do peito até as coxas e destas às extremidades inferiores aliviaram esse sofrimento. Depois, a dor mudou de local e se localizou na escápula. Ao fim de quatro dias ele se curou. Ele me agradeceu, pediu demissão e disse que não seria mais magnetizador; ele se limitou a extrair dentes, pois, nesse tipo de operação, a dor do paciente não se comunica ao cirurgião.

Examinaremos, brevemente, as faculdades que nascem e se desenvolvem em alguns magnetizadores e que são sensações que eles experimentam quando estudam cuidadosamente as doenças.

Os magnetizadores dotados desta faculdade são suscetíveis de reconhecer, por si mesmos, um órgão doente; eles são capazes até de determinar o tipo de afecção e distinguir as doenças secundárias das doenças principais.

Vamos mostrar que os fluidos não são, de forma alguma, indiferentes. Assim, alguns parecem ter uma propriedade eminentemente curativa e pouco sonífera; outros são narcóticos, outros, calmantes. Há também os excitantes. Alguns só obtém sucesso em determinadas afecções e outros são até anti-curativos; um pequeno número reúne em si todas as qualidades diversas e produz admiravelmente os efeitos dependentes da vontade que estiver atuando no momento. Com efeito, o agente magnético que é emitido por um magnetizador de temperamento sanguíneo não pode ter os mesmos efeitos que os daqueles que têm temperamento bilioso ou nervoso. Os resultados de um magnetizador nervoso-sanguíneo não podem ser os mesmos que os de um bilioso-nervoso e vice-versa; as nuances são infinitas.

Segundo minhas observações, que foram muitas, o temperamento mais conveniente em todos os casos seria o sanguíneo-nervoso e nervoso-sanguíneo. Eu também afirmaria que, se os efeitos podem não ser percebidos, na aparência, é frequente que os dois temperamentos – do magnetizador e do magnetizado – não estejam em relação, como deveriam. Eu, pessoalmente, acredito que, um magnetizador linfático que atue sobre um indivíduo com o mesmo temperamento, produzirá efeitos praticamente nulos, enquanto um magnetizador de temperamento nervoso, ao atuar sobre um indivíduo semelhante, lhe fará mal, poderá gerar crises e, com frequência não conseguirá acalmá-lo. Um temperamento nervoso deveria atuar sobre um linfático, de preferência. Ainda não foram estudados os diversos graus de temperamentos e a concordância de temperamentos dos magnetizadores com os magnetizados, o que, a meu ver, é da maior importância para as curas magnéticas, além de facilitar o sonambulismo e torná-lo mais perfeito.

Quinta lição

Do sonambulismo

Certamente, o sonambulismo é a crise mais instrutiva para o magnetizador e a mais vantajosa para o magnetizado.

O livro que ofereço a meus leitores não é, de forma alguma, uma obra de dialética magnética. O título de sábio não me pertence e, repito, estas páginas são mais um diário da minha carreira magnética do que uma obra de professor. Assim, sem entrar em discussões teóricas, limitei-me a apresentar as principais frases que constituem o sonambulismo, citando fatos para legitimar minha opinião.

Para julgarmos o estado de sonambulismo, apresentamos seus graus, a fim de que sua utilidade, ao ser observada, possa ser utilizada no momento adequado.

Primeiro grau do sonambulismo. O indivíduo previamente magnetizado deve manter os olhos revirados. Ele deve ser isolado de qualquer barulho exterior e só deve ouvir seu magnetizador. Ele perde a consciência de seu estado de vigília e não se lembra mais – uma vez adormecido – do que ele fazia cinco minutos antes.

Minha sonâmbula C... me provou constantemente que havia esquecido tudo o que havia feito ou visto durante seu estado normal. Esta sonâmbula foi curada por mim de uma doença que lhe tirava quase toda a esperança; o reconhecimento e a amizade nos uniram. Três dias após nosso casamento, eu a adormeci e, quando eu estava brincando com ela, aconteceu algo que até então era inédito: ela se zangou, pedindo-me para não recomeçar. Então, eu desejei ver até onde ia esta pequena cólera e fiz com que ela entendesse que eu poderia me permitir a tudo, pois ela era minha mulher. Mas o seu mau humor só aumentava. Sua mãe, que estava no quarto ao lado, ouviu tudo, sem controlar seu riso, quando sua filha me disse:

– Meu Deus, como se pode ficar infeliz ao cumprir suas obrigações com um homem como você? Se eu soubesse disso, não me teria deixado magnetizar; você abusou da confiança que meus pais e eu lhe demos.

Eu disse – Não, sua mãe tem a mesma opinião que eu.

E ela me respondeu – Isso não é verdade e se eu soubesse disso, preferia me jogar pela janela.

Ela se levantou furiosa e não quis ouvir mais nada. As consequências disso foram choros e uma crise nervosa, quando eu pedi desculpas, procurei acalmá-la e disse:

– Vamos, seja razoável, controle-se, lembre-se de quatro dias atrás... do que você fez no último sábado de manhã, por favor!

– Oh! vejo-me na igreja, ao seu lado, na capela da Virgem. Você colocou uma aliança no dedo, o padre nos uniu... então estamos casados?

Ela pulou na minha direção, me beijou e eu pedi desculpas por ter feito com que ela tivesse raiva de mim; a alegria sucedeu ao mau humor.

Uma vez acordado, o indivíduo sonâmbulo não se lembra mais do que ele fez e disse durante o sono. Ele tem a visão interior e exterior; ele pode ver a grandes distâncias e mesmo através de corpos opacos, apesar da oclusão dos olhos. Possui uma extrema sensibilidade e pode sentir a dor do doente, pegá-la, inocular-se com ela (se posso me expressar desta forma) e passar a ser o doente. Tem a intuição dos medicamentos necessários para se curar, instinto que o Criador também deu aos animais selvagens e domésticos.

Numa reunião dos membros da Sociedade Filantrópico-Magnética, um doente, que estava com a febre de Argel[23], foi colocado em relação com um dos meus sonâmbulos, A., que tem o costume de tomar o pulso do doente, colocá-lo junto ao seu por repetidas vezes, até que as duas pulsações (a do sonâmbulo e a do doente) sejam semelhantes. Neste estado, eles ficam em relação completa e o sonâmbulo sente tudo o que o doente sente.

O dr. D., no momento do estabelecimento da relação, examinou os pulsos do sonâmbulo e do doente e constatou 16 batimentos de diferença entre eles. Depois de oito a dez minutos, o médico percebeu que o número de batimentos do doente havia sido reduzido em cinco e o do sonâmbulo, aumentado em onze.

[23] N.T. Argel, capital da Argélia. A febre pode relacionar-se à febre tifoide ou à malária, pois ambas doenças eram frequentes na região.

Levaram ao sonâmbulo uma mecha de cabelos de um homem louco. Ele fez uma bola com os cabelos, passou-os pelos seus dedos, criando uma relação entre seu punho e o fluido que parecia ter extraído dos cabelos. Esta manobra foi repetida inúmeras vezes e ele absorveu a doença. Neste momento, ocorreu uma cena terrível, meu sonâmbulo parecia completamente louco! Ele não reconhecia ninguém; sua mulher estava presente e ele a rejeitou com violência. Eu quis intervir.

– Retire-se –, ele disse.

Ele quis me agredir e me empurrou; sua figura lívida estava descomposta e ele parecia sofrer muito. Por fim, com a ajuda de uma vontade enérgica e absoluta, eu o imobilizei na cadeira. Como se houvesse sido atingido por um raio, ele me disse:

– Solte-me! – Neste instante, soltei-o um pouco e ele declarou que estava sofrendo. Perguntaram qual seria o remédio.

– Como vocês querem que eu receite? Minha cabeça dói muito e eu não vejo o remédio.

Poucos dias após, o louco, que era a razão da consulta, morreu após um acesso de fúria.

Estas consultas só deveriam ser feitas por sonâmbulos que, apesar de verem a doença, não a adquirem. Encontraremos muito mais sonambulismo no estado de doença do que no estado de saúde.

A meu ver, os sonâmbulos possuem a possibilidade de encontrar, em meio aos inúmeros vegetais que nos foram dados pelo Criador, os necessários para que nós sejamos curados.

Lembro-me de um lindo cão de caça doente que estava sendo tratado por um veterinário, sem sucesso. Um belo dia, esse pobre animal começou a correr pelos campos, farejando. Assim, ele chegou no bosque e parou diante de uma aristolóquia e comeu suas folhas. Repetiu esse passeio no dia seguinte, e seu dono, percebendo sua ausência, mandou que o seguissem; assim ficou convencido de que o cão havia encontrado a planta que deveria curá-lo. No ano seguinte, César ficou novamente doente e seu dono, inquieto, vendo-o sair, pensou "ele vai se curar". Mas isso não aconteceu, pois a planta havia sido arrancada e o cão, ao não encontrar nenhuma parecida, faleceu.

Os animais que pastam em nossos campos não comem ervas que lhes parecem nocivas; assim, por que o

Criador não daria ao homem – dotado de uma inteligência desenvolvida em tão alto grau, além da alma, separada da matéria – a possibilidade de experimentar tantas coisas belas? Por que não acreditar que Deus tenha dado ao homem (creio eu) cem, mil vezes mais inteligência, ou mesmo instinto, que aos animais domésticos?

Segundo grau do sonambulismo. Este estado é caracterizado, como o primeiro, pelo fechamento dos olhos, quando o indivíduo não se lembra, ao acordar, do que ele disse e viu. Mas lembra-se do que viu durante a duração de seu sono magnético.

Terceiro grau do sonambulismo. O sonâmbulo vê sem estar isolado. Ele ouve tudo o que se passa a seu redor sem necessidade de estar em relação com as pessoas. Pode, também, possuir a sensibilidade e a intuição dos remédios.

Quarto grau do sonambulismo. Caracterizado por todas as qualidades já enunciadas, mas o indivíduo não sente o mal: ele o vê e indica o remédio. Tais indivíduos deveriam assistir, durante seu sono, um curso de anatomia.

Uma das minhas sonâmbulas, que eu não observava por vários meses, era empregada da minha casa. Minha presença era suficiente para lhe induzir o sono; ela permanecia, sem se cansar, com os olhos abertos, mas fixos. Dessa forma, seu trabalho ficava mais bem feito, mais rápido e com mais precisão e inteligência. Veio-me a ideia de aproveitar um curso de anatomia em dez lições, para leigos, criado por um médico, para que minha sonâmbula assistisse. Como eu não podia sempre acompanhá-la, ela ia sozinha (da Madeleine à praça Louvois). O médico era meu amigo e tinha um grande prazer em chamar minha sonâmbula ao fim da aula, para ver o que ela havia aprendido. Ele ficava curioso ao vê-la mexer em todas as partes do corpo do manequim e desmontar peça por peça durante a aula. Ela sabia, por si própria, refazer tudo e indicar os nomes de todos os órgãos do corpo humano.

Seria muito útil que os sonâmbulos, em seu estado magnético, pudessem realizar esse tipo de curso, sem que se lembrem, ao acordar, o que aprenderam.

Quinto grau do sonambulismo. O sonâmbulo vê, fica isolado pode ter sensibilidade e não possuir a intuição do remédio. Ele procura o remédio, se transporta a uma farmácia, a um herborista, encontra o tal remédio, mas não da forma tão segura quanto o anterior. Existe um instinto, uma previsão que o conduz; com frequência, ele pode obter sucesso, mas menos que no caso anterior.

Não falarei dos graus inferiores e das nuances que existem entre eles. Isso não depende sempre dos indivíduos, mas sim de quem os forma, e vou dar a explicação do que é procedente a respeito dos sonâmbulos das nossas experiências.

Certos indivíduos fazem receitas intermináveis e as pessoas podem ficar ocupadas desde a manhã à noite preparando o tratamento. Eles receitam oito a dez remédios para uma infusão e procuram, não sei onde, substâncias difíceis de serem encontradas e que custam muito caro.

O sonâmbulo, o realmente bom sonâmbulo, é infalível quando se trata de si mesmo. Não vamos negligenciar o emprego desta faculdade extraordinária cujos impressionantes resultados não são mais tão raros hoje em dia. Eis um exemplo:

A sra. Briffaut, filha de um relojoeiro de Versalhes, chegou a mim tão doente, que, por várias vezes, ela quis se exterminar. Esta senhora estava afetada por uma nevralgia na cabeça.

O olho esquerdo saiu da órbita e ficou acinzentado; o outro, pelo qual ela enxergava pouco, tinha a pupila dirigida à raiz do nariz, de forma que, andando pelas ruas, ela sentia que a calçada terminava numa ponta. Ao subir uma escada, via que esta se encolhia e achava que não conseguiria passar por ela; quando um carro estava longe, ela o sentia como se estivesse por trás dela e o oposto ocorria quando o carro estava próximo a ela. Sua pele era amarela e pálida e, para ser magnetizada, era necessário que alguém a conduzisse até mim todos os dias. Após quatro dias de magnetização e emprego de água magnetizada, que ela levava todos os dias, seu estado melhorou e ela perdeu a vontade de se exterminar. Na quinta sessão, ela se tornou sonâmbula. Eu fiz com que ela refletisse e ela me disse que só o magnetismo a curaria, "Mas como sou sonâmbula, vou me curar ainda mais rapidamente", disse ela, e seguiu:

– Foi muito bom que eu tenha deixado de lado o tratamento do dr. Sichel, que chamava a esta doença de ambliopia. O nervo que fica posterior ao olho teria endurecido como uma pasta, teria empurrado o olho para diante e teria embranquecido. Toda a parte interna está coberta com uma pele espessa que vai se dirigir para cima.

A doente receitou poucas coisas durante seu tratamento. O sonambulismo serviu para orientar a dieta a ser seguida. A água magnetizada bebida, ou em loções e compressas foi empregada abundantemente. Então, a magnetização completou tudo. Após quinze dias, ela já conseguia andar sozinha desde a rua Transnonain até a rua Saint-Honoré, perto da rua Royale, onde eu estava. Eu terminava a magnetização por passes que iam da raiz do nariz à orelha, com a intenção de colocar o olho no seu lugar. A doente me dizia:

– A forma como você pega meu nervo é como se pegasse um pedaço de borracha elástica que se joga e volta ao seu lugar; mas o fato de você puxar vai levar a que ele fique onde você quiser.

Após cinco ou seis semanas de magnetização, a sra. Briffaut me disse:

– É estranho que, há dois dias, precisamente à meia noite, sou tomada por uma transpiração que passa ao colchão e que dura duas horas. Gostaria de colocar, sob o meu lençol, uma toalha impermeável para que nada estrague.

– Cuide-se bem; além de tudo, eu vou lhe adormecer e seu sonambulismo lhe dirá o que ele acha disso; quanto a mim, vejo isso com muita alegria.

Esta transpiração durou mais de trinta dias. Em torno de três meses, cessaram a nevralgia, os olhos retornaram ao estado normal e a pele, que era lívida, ficou rosada.

Passaram-se cinco anos desde esse tratamento e, diante da mínima indisposição, a paciente vem buscar a água magnetizada.

Ainda que o sonambulismo não seja obtido tão frequentemente quanto o estado de semicrise magnética, ele é, por outro lado, suficientemente fácil de se produzir para que as provas de sua existência possam ser dadas aos mais obstinados incrédulos.

As faculdades que se desenvolvem nos sonâmbulos magnéticos são quase completamente semelhantes às que os sonâmbulos naturais apresentam. Muitos provas podem ser fornecidas para fundamentar essa asserção e as obras de medicina, especialmente as que se dedicam às doenças histéricas e catalépticas, dão razão ao nosso testemunho.

Os sonâmbulos magnéticos diferem dos naturais na medida em que, nos primeiros, a crise sonambúlica resulta de uma ação combinada, enquanto nos outros, esta crise depende de uma causa natural independente da vontade.

Quanto às faculdades surpreendentes atribuídas a uns e outros, certamente, elas apresentam uma grande analogia. Entretanto, os sonâmbulos artificiais, quando ajudados, apoiados, dirigidos por uma vontade poderosa que, sem anular seu livre arbítrio, os mantém submissos, possuem mais capacidade de julgamento, mais razão, mais previsão que os outros. Nos sonâmbulos naturais, de fato, a imaginação é suficiente para dar origem a atos diversos; entre eles, ao contrário dos sonâmbulos artificiais, o desenvolvimento imenso de todas as faculdades se encontra constantemente sustentado, e até estimulado pela relação íntima que se estabelece entre dois aparelhos nervosos, pois a vontade os uniu.

Por esta razão, não tenho muita confiança naqueles que só se servem de um anel, de uma bolsinha ou outro objeto para entrar em estado de sonambulismo, ou que dão consultas sem sentido e que não têm um magnetizador para livrá-los de um mal que tenham experimentado – de maneira factícia, é verdade. Não lhes resta muita coisa, o que pode levar à confusão durante uma consulta como a que se segue:

Um dia, após um grande aborrecimento, eu fiquei gravemente doente. Tinha uma forte irritação no peito, falava e respirava com dificuldade. Com muito esforço, eu consegui adormecer meu sonâmbulo, que me tirou da situação em pouco tempo, mas minhas parcas forças não me permitiam liberá-lo, e tudo o que eu consegui fazer foi acordá-lo. Este pobre rapaz adquiriu minha irritação no peito, que durou três dias.

Tínhamos o hábito de chamar um de meus amigos para magnetizar uma jovem sonâmbula que ficava na casa de seus pais sempre que tinha uma consulta. Um dia, meu amigo a adormeceu para consultar uma pessoa que tinha uma doença no cérebro, com humor triste, sombrio e que sempre pensava em se exterminar. Feita a consulta, o magnetizador, que estava apressado para um encontro, apressou-se em liberar a sonâmbula e logo se retirou.

Dois dias depois, a mãe da jovem sonâmbula me perguntou pelo magnetizador; ela não sabia o que sua filha tinha, mas por três vezes, ela foi obrigada a retirar um braseiro de seu quarto e a supervisioná-la; a jovem estava muito mais triste do que o normal. O magnetizador se lembrava da última consulta, se deu conta da sua curta duração, fez a moça adormecer, o que confirmou o que ele havia pensado: mal liberada, ela havia conservado os pensamentos sinistros da doente com os problemas do cérebro.

Vejamos, de forma geral, as faculdades que se desenvolvem no sonâmbulo magnético:

O sonâmbulo pode falar e agir como na vigília; ele ouve seu magnetizador e as pessoas que são colocadas em relação com ele e fica surdo às perguntas dos outros. Não ouve qualquer barulho exterior; os sentidos físicos ficam nulos, mas ele revela um outro sentido, chamado de sentido interior, que é, algumas vezes, o centro de diversas sensações. Sua memória é prodigiosa, seu julgamento, o mais correto possível, suas sensações, mais justas e seu espírito mais sutil que durante a vigília. Ele fica submisso à vontade do magnetizador quando este trata de uma finalidade de utilidade real, mas logo se revolta se percebe que não há nada de importante, quando buscam cansá-lo para satisfazer a curiosidade alheia e, especialmente, quando tentam obter seus segredos, abusar de seu estado e forçá-lo a dizer o que ele não deseja. Por causa desses fatos, ele poderia desenvolver repulsa, ou até mesmo, ódio por seu magnetizador.

Um senhor que vivia em Eu[24] me visitava a cada vez que vinha a Paris, a fim de se convencer – dizia ele – do magnetismo. Ele assistia às pequenas sessões com amigos que eu reunia na minha casa e via experiências de dois ou três sonâmbulos. Ele retornava para casa convencido, dizendo a todos os seus amigos o que ele havia visto. Três meses depois, toda sua crença havia se perdido, e isso aconteceu por três ou quatro viagens. Na última delas, ele me confessou que tudo o que havia visto era ótimo, mas que ele não havia se convencido bastante. Se, por exemplo, alguém dissesse a hora do seu relógio, Oh! então ele não teria dúvida alguma e se tornaria um adepto bem devotado da ciência magnética.

Eu tinha muita vontade de realizar essa conversão. Este senhor, por sua posição, poderia ser útil ao que eu procurava há muito tempo: propaganda. Meu sonâmbulo de então via pela ponta dos dedos e podia, quando quisesse, ver a hora em seu relógio (na ordem dos minutos), sem que fosse necessário tirar o relógio do bolso. Ele via a hora do relógio de pêndulo de um cômodo ao lado ou de onde o relógio estivesse. Mas como este sonâmbulo estava completamente entregue a seu sono, eu não podia fazer

[24] Região da França

com ele alguns tipos de experiências que desejava. Ele me respondia:

– São besteiras...; dê-me um doente e eu o curarei.

– Mas é um amigo incrédulo que eu desejo convencer.

Por fim, ele pegou a mão do incrédulo.

– Nunca!, ele disse.

Depois, devido a orações, eu decidi. A experiência foi feita duas vezes após eu ter previamente modificado a hora, nos ponteiros, e fechado meu relógio de bolso (relógio chamado de "bacia"). A experiência foi bem-sucedida nas duas vezes, para a satisfação das doze pessoas presentes. Isso foi em 1848 e eu não o reencontrei desde então.

Do sonambulismo médico

O sonâmbulo médico conhece as doenças pelas quais ele está afetado; ele vê os órgãos que estão comprometidos, prevê a época de suas crises, de sua cura, prescreve remédios que lhe são necessários, sabe e indica de onde vem e de quando data sua doença. Ele exerce, com frequência, as mesmas faculdades em relação às pessoas com as quais ele está em relação magnética, seja imediatamente, seja mais tardiamente; ele resolve em poucos instantes uma série de questões que, em seu estado de vigília, levaria várias horas. Ele sabe o passado, vê o presente e pode predizer o futuro, é orgulhoso, ciumento, vingativo, perde-se facilmente quando é mal conduzido. O sucesso de suas experiências passadas não é garantia de sucesso para o futuro; sua lucidez, que hoje pode ser perfeita, amanhã pode ser anulada. Ele pode saber o que está ocorrendo a grandes distâncias do local em que se encontra, pode reconhecer pessoas que só viu pelos olhos daquelas com quem está em relação. Ele se exalta com facilidade e, quando seu magnetizador lhe sugere que faça algo que não seja de seu agrado, pode entrar num processo de convulsões assustadoras e permanecer várias horas num estado inquietante, quando é difícil fazê-lo retornar ao normal e recorrer a outro magnetizador. Ele pode ser atingido por paralisia ou catalepsia, tanto geral quanto parcial.

O tratamento de uma doente sobre o qual tomei nota dia a dia, e que ocasionou fenômenos excessivamente curiosos, daria um livro. Eu me contentarei de relatar oito dias, para provar a exatidão das previsões. Ela só foi tratada pela magnetização e pela água magnetizada.

No dia 29 de fevereiro, pela manhã, a senhorita C., adormecida, encontrava-se muito doente. Nesta época, ela consultou uma doente que já havia visto por duas vezes; esta pessoa sofre muito da cabeça. Ela lhe perguntou por que ela não deixou os vesicatórios atrás das orelhas; seria necessário fazê-lo e tomar uma infusão depurativa que ela lhe indicou.

Antes da consulta, eu lhe fiz insuflações sobre a área do coração, que não resultaram em nada; eu magnetizei para ela meio copo d'água simples e perguntei o que ela via. Resposta:

– É a água onde colocaram pregos velhos.

Ela consultou por dez minutos após beber.

A senhorita C. me afirmou que ficaria muito doente; que às duas horas (eram onze horas) ela teria um ataque da dança de São Guido, doença que lhe ocorre sempre, e que, se um grande desgosto lhe acontecesse, como a morte de seu pai ou de sua mãe, a doença estaria verdadeiramente declarada. Ela acrescentou que havia vomitado. Eu lhe fiz um medicamento apropriado que, segundo ela, era o pó do sêmen-contra[25]. Ela bebeu muito pouco desse medicamento, dizendo-me que, neste estado, se ela tomasse mais, vomitaria imediatamente; deveríamos, então, aguardar um pouco. Mas isso não era tudo o que ela precisava tomar, pois um outro medicamento deveria acompanhar o primeiro. Eu peguei um quarto de água no copo que magnetizei; ele se compunha de dois grãos de emético necessários para facilitar os vômitos. Este vomitivo é bom para pessoas nervosas; ela achou que o remédio era bem efetivo, a ponto de senti-lo nas pontas dos dedos.

Ela me informou que a circulação do sangue seria interrompida; a doente ficou fria.

Deveríamos magnetizá-la logo pois o remédio que ela acabara de tomar só faria efeito após três horas. Eram 11:20 h.

– Minha doença se chama bubão[26] –, ela disse.

Eu a acordei sem dizer a ela o que havia acontecido e ela estava bem. Ela sobe para ver a mãe, que estava em sua casa. Às dez horas eu fui vê-la; na escada, encontrei sua irmã mais jovem, que estava me procurando. Esta me disse que a irmã havia sido tomada como por um susto, que tinha o rosto arroxeado, tremores nervosos em todos

[25] N.T. Trata-se de uma erva.

[26] N.T. Seriam gânglios aumentados, o que foi frequente nas epidemias de peste bubônica.

os membros. Às 2:20 h veio grande vontade de vomitar, falta de ar, dificuldade de falar e de respirar. A doente me indica que lhe dê passes desde o pescoço até o hipogástrio; ela ficou mais relaxada, mas foi tomada por um frio glacial seguido por transpiração, movimentos nervosos e paralisia de um braço e do maxilar.

Eu lhe fiz insuflações quentes sobre a área do coração; depois dirigi a mão para baixo do coração e a doente apoiou a sua mão sobre a minha. Eu dei passes com a vontade de aumentar sua temperatura. Por fim, só uma hora e meia deste trabalho repetido é que a doente liberou a cabeça, e depois o coração, o ventre, a paralisia do braço e do maxilar. Ela ainda estava muito cansada e tinha necessidade de descansar repouso. Deixei-a às quatro horas e às 5:30 voltei a vê-la. Ela dormia, seus braços estavam agitados, ela os afastava da cama, a cabeça estava avermelhada e a doente estava febril. Os passes e as insuflações sobre o coração, feitos simultaneamente, restabeleceram a circulação.

Dia 1° de março, pela manhã. Eu fiz, como sempre, seu medicamento. Ela me disse:

– Isso é... e é para o sangue.

Dia 1° de março à noite. A doente disse:

– Não estou bem, vou ter um ataque como no outro dia e, desta vez, a causa não é a mesma, pois será a emoção e o contentamento de rever meu pai.

Ela não via o pai havia sete meses e, no dia seguinte, ela deveria estar diante dele, na carruagem, às 10:30 h. Várias pessoas foram vê-la e, apesar da sua doença, ela fez uma linda consulta para uma senhora; quando retornou a si, repetia:

– Amanhã, precisamente às 10:15 eu cairei como ocorreu outro dia e você usará os mesmos meios, mas, em vez de me dar infusão de folhas de laranjeira, vai me dar infusão de folhas de amendoeira magnetizada.

Eu fiz seu medicamento apropriado, que era xarope de rosas.

Dia 2 de março, pela manhã. Como eu não queria dizer, nem à doente nem à sua mãe, o que deveria ocorrer, eu pedi para avisarem à mãe que não partissem sem me comunicar. E como às 10:05 h eu não havia visto ninguém descer, subi e a encontrei radiante de felicidade, apressando sua mãe para saírem. Foi só então que eu disse à mãe o que iria acontecer e que não seria prudente que elas saíssem de casa, pois a emoção poderia adoecê-la. Mas ela insistia. Eu disse:

– Veja minha situação; vou adormecê-la e se, no seu sono, você me disser que não há qualquer inconveniente, eu lhe deixo sair.

Sua figura já apresentava um mal-estar visível e, quando adormeceu, viu sua situação. Após cinco minutos, a crise teve início, e eram exatamente 10:15 h. Todos os mesmos sintomas se apresentaram como da primeira vez, mas um pouco menos intensos e com menor duração.

Ela me disse, num momento de calma:

– Foi ótimo que o senhor tenha me adormecido; o que seria de mim se o senhor não estivesse aqui? Iriam fazer sangrias, iriam paralisar meus membros. Desta vez, o sangue não ultrapassou a linha da sobrancelha, as magnetizações impediram que o sangue subisse muito acima, e a bile, descerá. A noite foi muito boa.

Dias 3, 4 e 5 de março: ela dormiu sem visão ou lucidez; tomou seu medicamento como sempre, sem necessidade de indicar qual era ele. Ela achou bom o remédio, apesar de um gosto diferente.

Dia 6 de março. Ela começa a ver, não consegue unir as letras que estão escritas sobre seu copo. Ela pensa em ver amanhã.

As sessões que relatei aqui são suficientes para dar uma ideia dos numerosos fenômenos suscetíveis de se produzir um estado sonambúlico.

Prossigo meu relato.

O indivíduo sonâmbulo é capaz de compreender seu magnetizador e as pessoas com as quais está em relação sem necessidade de que falem com ele. Ele é mais audaz, mais franco e tem mais precisão em seus atos do que durante a vigília.

Eu tinha uma empregada no meu estabelecimento que era sonâmbula por natureza. Ela dormia, frequentemente, sozinha e com muita facilidade. Quando ela era magnetizada, ela caía em êxtase; isso também ocorria espontaneamente ou pela vontade do magnetizador. Eu acho que jamais voltarei a ver uma sonâmbula tão completa.

Um dia, ela me pediu o seguinte:

– Faça-me o favor de me adormecer e me deixar nesse estado, porque serei mais corajosa para falar em público, mais convincente e ficarei menos cansada.

De fato, seis meses se passaram com a doente mergulhada no estado de sonambulismo; bastava a minha presença para manter seu sono. As pálpebras estavam abertas e os olhos fixos como vidro. Não relatarei tudo o que aconteceu nesse lapso de tempo, pois estaria escrevendo um livro. Ao acordar, pela manhã, ela estava muito assustada e via animais selvagens; fui obrigado a retomar o sono para que ela não acordasse outra vez antes do anoitecer, quando seria a hora de dormir. Ela não se lembrava de nada que havia feito durante esses seis meses.

Vamos observar duas ou três particularidades deste estado singular.

Um dia, ela me disse:

– Eu gostaria que o senhor suspendesse a circulação do sangue, para saber qual seria o efeito deste evento.

Eu perguntei se ela tinha certeza de que esta experiência não seria desagradável, e ela respondeu:

– Não, se me deixar assim por dois ou três segundos.

Eu a magnetizei com a vontade de suspender a circulação e, alguns instantes depois, ali estava um corpo imóvel, com os braços caídos e inertes. eu também não ouvia nenhum ruído respiratório. Dois segundos se passaram e eu a trouxe à vida. Ela me disse:

– O senhor não fez corretamente o que pedi, pois só suspendeu a circulação do sangue; é importante ter a vontade de suspender toda espécie de circulação: sanguínea, nervosa. Enfim, toda a circulação. Recomece.

Recomecei, mas desta vez, foi terrível de se ver. Alguns magnetizadores ficariam assustados, mas eu conhecia bem a paciente e não tive qualquer incômodo. Quando ela voltou a si, me disse:

– Eu vi bem, mas tenho dois nervos nos olhos que eu gostaria de ver; retome o procedimento, mas revire mais fortemente meus olhos.

Eu fiz um movimento com as mãos como se fosse revirá-los com os dedos. O globo ocular se revirou como um salto e depois eu fiz com que eles se colocassem no lugar original. A paciente disse que viu e estava contente.

Aproximadamente um mês depois, a mesma pessoa chega a mim, como que dobrada em dois, sem conseguir recuperar-se. Perguntei o que havia ocorrido.

– Não sei, adormeça-me.

Depois de adormecida, ela acrescentou:

– O senhor se lembra de ter suspendido a circulação

do sangue?

Eu respondi que sim, e ela pediu para suspendê-la novamente por dois segundos, dizendo:

– Depois, com vontade viva e forte o senhor vai desfazer essa suspensão... Isso foi o sangue que ficou nos meus rins; quando ele sair daí com força, eu ficarei bem.

Ao acordar, ela se ergueu e estava retificada; eu mesmo não compreendi.

Um médico homeopata me indicou deixar com minha sonâmbula uma caixa com alguns frascos de glóbulos. Ao colocar seus dedos sobre cada rolha, ela experimentou diversas sensações. Depois ela pegou um frasco, dizendo:

– Oh! como este seria bom para um paralítico! Como este solta os nervos!

Ela gesticulava os pés e os braços. Pegou um segundo frasco:

– Mas esse vai me fazer vomitar.

Ela fazia esforços como se fosse mesmo vomitar, o que teria ocorrido se tivesse segurado o frasco por um tempo maior. Depois pegou o terceiro frasco:

– Este é bom para moças, faz o sangue circular, e este quarto... .

Ela fez uma careta dizendo que não desejava segurá-lo por muito tempo. Perguntei qual a razão e ela disse:

– O senhor não viu o que é? Veja, é arsênico.

Esta experiência nos deu a ideia de lhe dar três outros frascos e lhe perguntar a composição química. Ela não se enganou sobre nenhum deles. Quando se tratava de vegetal, ela dizia se o composto havia sido produzido com a flor, a folha ou a raiz, e enunciava o nome dos medicamentos. O médico nos assegurou que ela havia "percebido" e "visto" perfeitamente. Aqui insisto em dizer que tudo passou pelas minhas mãos, sem qualquer relação estabelecida com o médico e que os frascos só possuíam um número[27].

Um dia em que houve vários banhos, à meia-noite todas as banheiras de sua galeria estavam sendo limpas e minha paciente, que queria fazer a bainha de uma saia para a manhã seguinte, disse:

– Tanto faz, estou muito cansada, vou dormir; amanhã vou acordar cedo e prometo que tudo estará terminado às seis horas.

Ela acordou às seis horas, aborrecida, e depois foi em todas as salas, vendo que tudo estava perfeitamente lim-

[27] N.T. O autor afirma que nada além do número estava escrito nos frascos.

po. Procurou sua saia e a bainha já estava feita, todo este trabalho havia sido realizado durante seu sono magnético.

O sonâmbulo magnético é mais ou menos perfeito e, como as pessoas em seu estado normal, são mais ou menos hábeis. Mas há algo bastante bizarro: não são as pessoas cultas as que são mais facilmente conduzidas à lucidez perfeita. Em geral, são os indivíduos mais ignorantes os que chegam com maior frequência a esse grau de extremo desenvolvimento das faculdades mentais a ponto de atingirem mais rapidamente a perfeição. Vimos moças do interior, sem educação formal, que não sabiam dizer "dois mais dois são quatro", mas que, ao serem magnetizadas, adquiriram inteligência e precisão de linguagem perfeitas.

Vários sonâmbulos possuem o que chamamos de dom de transmissão de pensamento, ou seja, em vez de verem por si próprios, são tomados pela opinião ou pelo pensamento do magnetizador sobre a questão a se resolver ou o experimento a se realizar. O magnetizador que pretende atuar na cura deve evitar o desenvolvimento desta faculdade, já que quase todos a possuem.

Uma senhora me pediu uma consulta a ser realizada pela minha sonâmbula Eugénie. Ela havia sido recomendada por uma pessoa curada por Eugénie. A senhora trazia uma mecha de cabelo; a sonâmbula tocou o cabelo e depois o jogou no chão, dizendo:

– O que você quer que eu veja? Esse cabelo pertence a uma velha vaidosa que pinta os cabelos e que passa muito creme. É verdade, minha filha, você tem razão, seu criado de quarto pinta o cabelo dessa pessoa quase todos os dias.

A senhora, então, me pergunta:

– Ela pode dizer se eu estou doente?

Liberei minha sonâmbula e coloquei essa senhora em relação com ela e repeti a pergunta:

– Ela está doente?

Ela respondeu:

– A senhora está muito bem; apenas, algumas vezes, tem enxaquecas que lhe fazem sofrer muito.

A testemunha, que apertava as mãos da sonâmbula, respondeu:

– É verdade.

Dois meses após, esta senhora voltou e me pediu notícias da minha sonâmbula, dizendo que pensava sempre nela. Eu disse que, naquele momento, ela estava adormecida, consultando uma pessoa. A senhora disse que gostaria de saber se a sonâmbula a reconheceria e se poderia entrar. Depois da consulta, deixei a senhora entrar. Sentando-se ao lado da sonâmbula, ela pegou suas mãos e eu perguntei:

– Você conhece essa senhora?

– Claro, é a Senhora Saint-Gervais.

Esta, impressionada, disse:

– Quem lhe contou qual era meu nome? Ninguém me conhece aqui!

– É fácil lhe dizer, pois foi tão prazeroso estar em relação com a senhora, que me pareceu ser tão boa, tão generosa, que a relação foi completa, forte; eu sei seu nome porque a senhora o sabe. Eu poderia lhe dizer o que a senhora está pensando, o que fez e o que tem a intenção de fazer. Eu sou a senhora, em resumo; o que a senhora sente, eu sinto.

A senhora não quis saber nada além. Ela apertou a mão da sonâmbula e me agradeceu. Desde então não a vi.

Um oficial, que me apresentou a um amigo, assistiu a um pequeno evento magnético e ficou encantado com o que uma sonâmbula lhe disse, em segredo, sobre suas intrigas amorosas. Depois de alguns dias, ele veio me perguntar se eu poderia colocá-lo em contato com essa sonâmbula. Eu prometi que em dois ou três dias eu faria uma sessão e que pediria para que essa senhora comparecesse, mas expliquei que eu a conhecia muito pouco. Ele disse que eu lhe estaria prestando um grande favor e que não faltou à sessão, encontrou a sonâmbula e conversou com ela por meia hora. Durante esse tempo, outros sonâmbulos puderam entreter os convidados. Terminada a sessão, este bravo oficial parecia muito feliz, deixando essa alegria transparecer. Mais tarde, ele me contou essa história, que eu relato aqui de forma reservada:

– Eu havia sido recebido numa casa em que havia uma moça, filha única, encantadora. Essa moça parecia me ver com prazer e minha cabeça trabalhou nessa expectativa da manhã à noite. Vinham-me sonhos de felicidade e dores de barriga; a sonâmbula em questão me confirmou com detalhes que eu seria rico e, acima de tudo, teria uma linda esposa. Eu acreditei tanto no sucesso desta previsão, que decidi comprar um presente muito bonito para enviar à minha pretendente. Eis que soube que haviam acabado de publicar a notícia do casamento dela, a senhorita S. Imagine minha frustração! Eu percebi tarde demais que essa sonâmbula só havia repetido a criação da minha própria imaginação.

Quando queremos desenvolver a faculdade de comunicação dos sonâmbulos com seus consultantes, através do pensamento, isto torna-se fácil pelo hábito de interrogar de uma determinada maneira. Numa lição adiante, falaremos das vantagens e dos inconvenientes deste estado, mas, para os doentes, parece que os sonâmbulos se tornam preguiçosos. Eles lêem o pensamento da testemunha da doença, da causa, a data, o regime a ser seguido e se o tratamento foi bem ou mal feito e as pessoas saem maravilhadas. De fato, o doente sabe bem de sua dor, mas às vezes a dor não está no local em que ele imagina. Podemos estar doente, mas sem conhecimento da doença; atribuímos a uma causa e, frequentemente, é a uma outra que deveríamos fazê-lo. O melhor é quando o indivíduo vê e sente por si mesmo e não se importa com o seu pensamento; ele age sozinho e, se for um bom sonâmbulo, faça e acredite no que ele lhe diz.

Meu sonâmbulo respondia a um doente que lhe perguntou há quanto tempo tinha uma doença e qual sua causa:

– Ela data de muitos anos. Se eu pesquisar, vou lhe dizer o dia, a data precisa e o medo que você tinha dessa doença, mas isso me cansaria muito. Eu descrevi bem seus sofrimentos? Como você se sente? Bom, é importante que você se cure e eu lhe curarei. Agora, vá buscar pessoas que leem o passado e o futuro, pois eu só lido com o presente.

Nós dissemos que os sonâmbulos adormecidos tinham os olhos convulsionados; alguns dormem sem que as pálpebras se fechem, e então os olhos são fixos, a pupila dilatada e, se uma luz for colocada a uma ou duas polegadas dos olhos só lhes faz sentir algum calor. Se os olhos ficarem molhados, é porque estão cansados.

Com alguns passes, deve-se fechar as pálpebras; algumas vezes é necessário colocar o polegar nas sobrancelhas e, a partir daí, fechar levemente as pálpebras. Outros sonâmbulos fecham os olhos e dormem, mas podemos, pela vontade, abrir as pálpebras, deixá-las por muito tempo neste estado e fechá-las de novo, sempre pela vontade. Quando você tiver adormecido seu sonâmbulo com os olhos fechados, deve-se sempre acordá-lo com os olhos fechados. Da mesma forma, se você o adormeceu por sua vontade, convém acordá-lo também pela vontade. O despertar é um hábito, uma convenção entre o magnetizador e o sonâmbulo. Eu vi magnetizadores que acordavam seus sonâmbulos puxando os dedinhos das mãos fortemente, largando a mão. Outros, mergulhando a mão num copo com água (o que é um meio nada bom e perigoso) e jogando-lhe um lenço no rosto. Pode-se, ainda, adormecer e acordar, dando ao sonâmbulo um objeto magnetizado, um anel, um lenço, um estojo, um dado, um objeto de metal, uma moeda, uma corneta de papel, desde que previamente magnetizados com esta intenção. Também se pode adormecer magnetizando previamente a cadeira ou a poltrona que será usada pelo sonâmbulo.

Eu tinha uma doente sobre quem eu atuava todos os dias na mesma hora. Ela dormia sem lucidez e clarividência, mas o sono calmo que eu deixava durar meia hora lhe fazia muito bem.

Como ela não podia vir à minha casa dois dias por semana, eu lhe dei um anel num papel e lhe disse:

– Na hora habitual, você pega este anel com a mão esquerda e vai dormir; meia hora depois, coloque o anel na mão direita e acordará.

E assim aconteceu, pois ela não dormiu nem um minuto a mais e nunca ficava indisposta.

Há sonâmbulos que quando adquirem algum grau de lucidez não duvidam de nada e adquirem pretensões exorbitantes. Devemos desconfiar desses indivíduos. Se faltar experiência ou conhecimento ao magnetizador, ele logo deixará de comandar e, ao contrário, estará submetido aos caprichos e à vaidade do sonâmbulo.

É importante que o experimentador imprudente que se deixa ficar no mesmo grau do sonâmbulo tenha cuidado. Sua alegria e seu sucesso não terão grande duração; ele cometerá, sem dúvida, abusos que não mais poderão ser corrigidos quando ele os perceber. O primeiro dever de um magnetizador é prever os efeitos de sua ação. Ele poderá, sem dúvida, se enganar algumas vezes, mas ele saberá reservar os meios reparadores indispensáveis à saúde do indivíduo.

Uma faculdade que se apresenta muito raramente e da qual vimos poucos exemplos é a predição correta que certos sonâmbulos privilegiados podem fazer em relação a efeitos futuros cujas causas ainda não existem. Eu tive dois sonâmbulos que predisseram coisas surpreendentes neste tipo de experiência, mas como encontrei tantos erros em outras circunstâncias, eles não me puderam convencer da existência real de sua faculdade de previsão.

As predições que me inspiram mais confiança são aquelas que não são provocadas, as que saem espontaneamente dos indivíduos sem terem sido solicitadas por ninguém ou provocadas por algum objeto. É principalmente no êxtase que tais predições se encontram.

Há uma faculdade de que alguns indivíduos fazem uso, que é a de atuar sobre seu próprio organismo, de se magnetizar e de se levar, por sua própria vontade, aos diversos graus de magnetismo.

Na nossa opinião, é a alma que age sobre a matéria, pois, saindo de si mesma pela força da vontade e pelo capricho de sua própria imaginação, de alguma maneira, desfaz as ligações com o corpo quando ela o deseja.

Nós tivemos diversos sonâmbulos que, por si próprios, tiveram a ideia de se magnetizar e que conseguiram seu objetivo, mas é claro que sua lucidez sonambúlica desenvolvida é bem inferior àquelas adquiridas quando a ação magnética vem de outra pessoa.

Eu vi uma senhora se magnetizar fazendo passes sobre o vidro e passar ao estado de sonambulismo.

Uma sonâmbula adquiriu o hábito, para adormecer, de fazer rolar uma moeda de seu avental; quando a moeda havia percorrido todo o percurso, ela adormecia. Para acordar, ela fazia rolar outra moeda, lentamente.

Frequentemente resulta deste tipo de magnetização uma grande perturbação psíquica e mental que, certamente, é um perigo para o indivíduo. Podem ocorrer, com frequência, convulsões violentas, que o sonâmbulo diga coisas incoerentes, loucas e que ele se afaste tanto da verdade que só retornará a ela se for dirigido e sustentado por uma mente hábil e razoável. Vi vários destes sonâmbulos que, após algum tempo neste estado de exaltação, tentaram em vão, por muitas horas, recuperar seu estado normal; seus olhos só poderiam ser abertos pela mão de outra pessoa ou depois de um tempo muito prolongado.

Sexta lição
Do êxtase

O sonambulismo magnético pode ser levado a um estado superior que chamamos de êxtase; esta crise, que normalmente é produzida pela ação do magnetizador, se manifesta algumas vezes por si mesma, ou seja, pela disposição do indivíduo magnetizado.

Distinguimos dois tipos de êxtases: a exaltação e a contemplação. O êxtase contemplativo é uma crise na qual a lucidez dos indivíduos é ainda muito maior do que no estado de sonambulismo. As faculdades da alma são tanto mais extraordinárias quanto mais profunda é a absorção do organismo físico. Nós pensamos que, nesta crise, os laços vitais são bem fracos ou, ao menos, bem raramente modificados, pois a insensibilidade corpórea é generalizada enquanto o trabalho espiritual é prodigioso. Pode-se dizer que a parte animante, destinada a entreter o jogo dos órgãos, preenche muito imperfeitamente suas funções, enquanto a parte pensante desenvolve ao máximo as faculdades do espírito.

É neste estado de êxtase que o magnetizado goza a máxima perfeição de lucidez; ele examina com todo cuidado as operações que realizou durante o sonambulismo, controla seus próprios atos, suas associações são mais sábias, sua previsão mais segura, e a memória, maior. Por fim, todas suas faculdades mentais adquirem um desenvolvimento e perfeição além do esperado, impossível de expressar.

O seguinte fato me foi comunicado pelo sr. Ricard, um dos nossos grandes professores de magnetismo: ele induziu a sra. N. ao sonambulismo, e esta comunicou que se encontrava bem melhor depois de ter sido magnetizada; disse ela:

– Há quatro anos que os médicos me tratam; fiquei sob os cuidados de pessoas muito hábeis e que gozavam de alta consideração. Apesar de eles terem utilizado todos os recursos da arte médica, não puderam me produzir qualquer alívio; inclusive não impediram que minha doença se agravasse. Tenho em casa mais de trezentas receitas e nem sei quantos objetos farmacêuticos. Eu segui todos os tratamentos que me indicaram e não fui curada. Mas agora, tenho a certeza de que, em pouco tempo, graças aos cuidados do meu magnetizador, estarei com a mais perfeita saúde.

A sra. N. pediu, em seguida, que o sr. Ricard a adormecesse. Esta sonâmbula chamava de sono ao estado extático no qual seu magnetizador a induzia há alguns dias e chamava de vigília magnética ao seu estado de sonambulismo. O magnetizador realizou o desejo de sua sonâmbula que, após um minuto, entrou num êxtase perfeito, pois a insensibilidade era total, ela não ouvia mais seu magnetizador e estava em completa imobilidade. Em torno de cinco minutos, ela retornou ao estado de sonambulismo. Então, deu-se, entre ela e seu magnetizador, o seguinte diálogo:

– A senhora viu, no estado em que estava, algo que pudesse favorecer sua cura?

– Não, nada além do magnetismo.

– Poderia nos contar que estado é esse?

– Sim, é um estado de beatitude.

– A senhora pensou durante este estado?

– Sim, sem dúvida.

– Quais pensamentos a senhora teve?

– Eu não posso expressar, e além disso, se minha boca pudesse fazê-lo, o senhor não os compreenderia.

– Mesmo assim, diga-nos mais ou menos o que lhe aconteceu, o que a senhora experimentou.

– Eu lhe disse: eu estava completamente feliz. Agora, eu lhe repito: se me fosse possível encontrar expressões que mostrassem meus pensamentos, o senhor não poderia compreendê-los. O senhor não possui um sentido: os surdo-mudos de nascença não podem captar as diferenças de sons...

– Por que a senhora não me respondeu quando a chamei?

– O senhor falou comigo? eu não ouvi nada.

– Como assim?

– Como? o senhor que me faz essa pergunta? o senhor, o magnetizador!! Na verdade, eu não posso acreditar que o senhor precise da minha resposta...

– Eu não sei o que pensar sobre o estado em que a senhora estava; além disso, eu lhe peço que me diga por que a senhora não me respondeu?

– Ah! É que minha casa estava bem, mas o locatário havia se mudado. É como se eu tivesse colocado minhas roupas na poltrona e ido passear![28]

Para produzir o êxtase (o que só devemos fazer em casos de urgência), nós sobrecarregamos o cérebro e o epigástrio do sonâmbulo de fluido e, envolvendo-o numa atmosfera de fluido, o magnetizador deve, pelo pensamento, facilitar esta sagrada ação, ao elevar, na direção do Criador, uma fé viva, uma confiança completa e sem limites. Deve deixar o sonâmbulo livre, como se ele estivesse em relação com a divindade, supervisionar atentamente tudo o que acontece, esperar pelo final da crise. Com frequência, ele se ergue – e poderíamos dizer que ele sobe ao céu – ou cai de joelhos, com as mãos unidas, as pálpebras abertas. Os olhos permanecem fixos e brilhantes, a figura é tomada por uma expressão de santidade angelical, e um movimento dos lábios faz supor que a relação existe e que sua alma assume todas as consequências do ocorrido. Ao fim desta experiência, eu vi a alma se separar, por assim dizer, da matéria e eu recebi, em meus braços, um corpo inanimado, que parecia sem vida. Este é o momento em que o magnetizador deve conservar seu sangue frio. Devemos colocar a pessoa num local e apressarmo-nos em chamar essa alma que, por um instante, parecia ter abandonado sua carcaça. Devemos fazer com que ela recupere seu lugar.

Um dia, quando eu magnetizava uma sonâmbula, ela me pediu para fazer com que subisse ao êxtase. Eu perguntei qual o objetivo disso e ela respondeu:

– Eu devo ter um protetor e gostaria de poder falar com ele e vê-lo.

Eu aceitei seu pedido. Ela estava sentada, eu lhe dei alguns passes a uma distância bastante grande, de baixo para cima, elevando meu pensamento ao Criador, pedindo-lhe que ouvisse as preces da sonâmbula e que a pusesse em relação com o protetor que Ele desejasse para ela.

Ela se levantou lentamente, uniu suas mãos, deu três passos à frente, suas pálpebras se abriram, seus olhos se fixaram na direção do céu, seus braços se ergueram natu-

[28] N.T. O autor não entende o sentindo dessa conversa. Entretanto, a própria sonâmbula havia comunicado que poderia não ser compreendida, já que talvez suas expressões não correspondessem aos seus próprios pensamentos, tal como os surdos, que não sabem diferenciar sons.

ralmente, as mãos completamente unidas, a ponta dos dedos para cima. Ela se manteve nas pontas dos pés. Víamos seu corpo se alongar como se ela fosse deixar a terra; todos os traços de sua figura adquiriram uma expressão angelical. Seus lábios se moviam como os de quem fala com a voz muito baixa. Cheio de admiração, eu pensei que se houvesse um pintor no local, ele se inspiraria. Coloquei-me atrás de minha sonâmbula, persuadido de que ela não conseguiria se manter nessa posição tão cansativa. De fato, ela se deixou cair, como que desabando sobre si mesma.

O que recebi em meus braços era apenas um corpo inanimado, pois o espírito parecia haver deixado a matéria. Eu a coloquei numa poltrona e me apressei em chamá-la à vida. Ela retomou seu estado sonambúlico, estava feliz, pois agora tinha seu protetor que lhe havia prometido a cura e lhe havia dado uma receita que anotei.

Eu perguntei se ela sabia o nome de seu protetor e ela respondeu que era São José.

Eu lhe fiz outra pergunta e ela não se lembrava mais que havia entrado em estado de êxtase.

Não faça a imprudência, diante de tais circunstâncias, de abandonar seu sonâmbulo, nem de distrair-se, pois se você demorar, a vida dele pode não retornar. Ele retornará ao estado sonambúlico de onde partiu; neste momento, chame-o com boa vontade e se ele tiver confiança em você, vai lhe informar o que ocorreu, o que viu, o que pediu e as respostas que lhe foram dadas. Apresse-se, pois o tempo passa rapidamente e, cinco ou dez minutos após, ele não se lembrará de mais nada sobre o estado superior em que estava. Se você fizer algum gracejo sobre o que ele conta, ou se não acreditar nele, será mal recebido e, depois, não saberá mais nada.

Quando o êxtase ocorre sem ser provocado, vai cessar de qualquer forma num tempo maior ou menor.

A música (de preferência, as suaves ou religiosas) pode fazer um sonâmbulo passar ao estado de êxtase, desde que este tenha predisposição para isso. Eu digo predisposição, pois nem todos os sonâmbulos podem atingir este grau; ao contrário, só um número muito pequeno dentre eles tem esse privilégio.

A voz humana age principalmente sobre o extático, pelo canto; versos bem fortes que expressam harmoniosamente uma paixão ou um sentimento – qualquer que seja ele – produzem o mesmo resultado. Então, a fisionomia ou o gesto seguirão instantaneamente o ritmo ou a variação mental; se você observar, terá um modelo muito belo, desejado pela arte.

Existe também um estado misto de semicrise, parecido com o êxtase, mas que não é levado ao estado de exaltação dos primeiros. O sonâmbulo se mantém ainda em relação com seu magnetizador, que pode falar com ele à vontade. A fala deve ser feita pelo magnetizador, em tom de voz baixo, e o sonâmbulo pode lhe responder ou então, com frequência, dizer "Não queremos responder." mão de outra pessoa ou depois de um tempo muito prolongado.

Sétima lição
(Alguns outros fenômenos do sonambulismo)

Das vantagens da visão a distância para os sonâmbulos

Há sonâmbulos que possuem a faculdade de se comunicar, pelo pensamento, com as pessoas presentes. Estes sonâmbulos são bastante procurados pelos magnetizadores que oferecem sessões noturnas divertidas; de fato, as experiências que podem ser feitas com eles são inúmeras. Se você os colocar em relação com uma pessoa que queira fazê-los viajar, eles vão seguir, ver e parar em todos os locais em que a pessoa estiver. Se você os fizer entrar, pelo pensamento, em algum local, para visitar, como um castelo, uma casa ou um jardim, eles lhe dirão perfeitamente tudo o que você viu ou o que quer ver.

Você pode colocar esses sonâmbulos em relação com uma testemunha através de alguns passes, a fim de soldar, por assim dizer, duas inteligências. Se for um estrangeiro alemão, prussiano, espanhol, árabe, pouco importa; tudo será repetido pela pessoa sonâmbula com grande rapidez ou até mais rápido. Todas as palavras que saírem da boca do interlocutor serão repetidas com a mesma pronúncia e o mesmo sotaque. Você pode até fazer a pessoa cantar; ela fará todos os seus movimentos, dançará, saltará, valsará e lutará esgrima. Enfim, tudo o que você fizer, será executado instantaneamente.

Entendamos que, se um sonâmbulo pode ser posto em relação por seu magnetizador, através de alguns passes, com um estrangeiro, então a relação entre o magnetizador e o sonâmbulo, se for bem mais extensa, bem mais direta, permitirá experiências semelhantes realizadas pelo próprio magnetizador, quando este formula mentalmente sua vontade. Se este quiser que o sonâmbulo cante, ele vai cantar; se ele quiser que pare, vai parar, ou se ele quiser que levante o braço direito ou o esquerdo, ele obedecerá imediatamente.

Estes poucos exemplos devem ser suficientes para que se imagine a utilidade dos sonâmbulos que têm a faculdade de ler o pensamento. Devo acrescentar que eles se revoltam se sua vontade lhes pedisse coisas impossíveis ou desonestas.

Acrescento que tais sonâmbulos raramente são bons para consultas médicas; raramente eles têm o instinto dos remédios e, sob a conduta de um médico, não haveria nada diferente da repetição, o que, em vários casos, poderia ser inconveniente.

Podemos educar um sonâmbulo e lhe dar uma direção, caso ele não a tenha, ou mudá-la, se ele tiver uma direção que não seja boa; podemos fazê-lo perder hábitos e ganhar outros, e tudo depende do magnetizador, especialmente daquele que deu início ao processo.

Por tais razões, deve-se sempre estar informado sobre a conduta moral do magnetizador e sobre a do sonâmbulo.

Conheci um sonâmbulo, péssimo indivíduo em seu estado natural, pouco obediente, mas perfeito em seu estado magnético, sempre pronto a servir e contente quando lhe diziam que ele havia feito o bem.

Agora, acrescentarei que realmente há sonâmbulos que possuem visão a distância. Eles podem realizar viagens curtas, ver tudo que está no caminho, observar os mínimos detalhes. Se estiverem numa carruagem, podem experimentar os solavancos do veículo, indicar os atalhos, descrever as residências, as pessoas que ali vivem e dormirão na carruagem, se você viajar de noite, por cinco a dez minutos, pois, para eles, esse tempo vale por uma noite.

Eu tenho uma sonâmbula que roncava, de fato, e acordava exatamente no local do atalho, pois sentia um solavanco quando o carro parava, dizendo; "Então, chegamos?"

Se você precisar atravessar o mar, eles experimentam náuseas e vomitam o que tiverem no estômago. Algumas vezes ficam realmente doentes a ponto de sermos obrigados a liberá-los e a acordá-los, como se eles não pudessem suportar a travessia.

Duas esposas de nossos amigos, desejando muito saber o que havia acontecido a um determinado senhor, cunhado delas, pensando que ele estivesse em Argel ou nas proximidades, pediram-me que minha sonâmbula C. o procurasse. Eu adormeci minha sonâmbula, pedindo para que ela se transportasse imediatamente a Argel e lhe entreguei um objeto que pertencia à pessoa procurada. A sonâmbula começou por descrever exatamente o indivíduo em questão. Ao fim de algum tempo, ela me disse:

– Cheguei.

Eu pedi que ela o procurasse e ela disse que não o via mas o sentia, e eu mandei que continuasse. Ela disse:

– Que país bonito, que lindo céu azul! Eu vejo vários franceses, vários militares. –, e prosseguiu na descrição de tudo o que via.

– Mas não vejo este senhor. Eu sinto que ele esteve aqui.

Pedi que ela fosse ainda mais longe e ela disse:

– Sim, eu estou passando por todos os locais onde ele passou e o sigo como o cão que procura o dono.

Ela prosseguiu, mas tudo o que via na estrada lhe parecia fora do comum. Com o dever de viajar, atraída pelos lindos lugares, ela encontra um que lhe agrada; vê uma mulher bonita, uma princesa, carregada nos ombros de seus escravos, coberta de joias, brincos, colares de pérola, pulseiras; "é pena que ela seja negra, mas é linda." "Oh! o belo cavaleiro! deve ser, no mínimo, um príncipe; lindas árvores, belas laranjeiras, belos navios!".

Eu perguntei onde ela estava, e ela disse:

– Veja, fui longe demais, aqui não há mais franceses, acho que estou no Marrocos, fui atraída por todas essas coisas lindas. Aqui ele não veio.

Mandei que ela retornasse por outro caminho.

– Não vejo outro caminho, a não ser que eu embarque.

Eu sugeri a ela: – Então, embarcamos; exatamente agora há um navio que vai partir para Argel e, de lá, você segue. Ela respondeu:

– Vamos, estou aqui, segure-me bem, vou cair. Oh, meu Deus, estou sentindo dor no coração! Estou doente e não quero ficar aqui. Vou morrer.

Ela fez esforços tão grandes a ponto de ficar azulada e eu fui obrigado a libertá-la e a acordá-la. Ao despertar, percebendo que seus olhos estavam molhados de lágrimas, ela me perguntou o que tinha ocorrido.

Os sonâmbulos podem se transportar também a grandes distâncias, num único instante. Se você ordenar que ele vá a Marselha ou a algum outro local, pouco tempo depois, eles respondem: "Cheguei." E assim começam os relatos detalhados.

Tais indivíduos podem ser muito bons para as doenças e são muito úteis neste aspecto, a ponto de chegarem a ser enviados a ver doentes em outra cidade, em outro bairro, sem incomodar o próprio doente, que nem sabe que está sendo consultado. O sonâmbulo vai saber se o doente está deitado, qual sua idade, seu sexo, qual a doença, o que sente etc. Estes sonâmbulos são raros.

Uma pobre mãe, que tinha o costume de consultar uma sonâmbula que conhecíamos, foi à sua casa para que esta visse seu filho de quatro anos. Como não a encontrasse, a senhora me perguntou o endereço do magnetizador da sonâmbula, achando que a encontraria neste local, e eu lhe forneci o endereço e disse:

– Mas sem dúvida, a senhora não a encontrará na casa dele, pois aos domingos ele costuma ir ao campo.

Esta pobre mãe ficou decepcionada:

– Meu Deus! Meu filho talvez esteja morto ao chegar lá; o médico o abandonou e há três dias ele não consegue tomar nada, e nada acontece.

Eu perguntei: – Por que a senhora esperou tanto? Deveria ter ido ontem, sábado, que o encontraria.

– Senhor, sabe, ontem eu não tinha cinco francos[29]; só consegui esse valor hoje de manhã.

– Não se entristeça, eu disse, vou chamar minha sonâmbula C. e nada lhe vai ser cobrado.

– Mas eu não trouxe nada do meu filho; a outra sonâmbula costumava se pôr em relação comigo e ela via meu filho.

Eu relatei esta condição à minha sonâmbula, que me respondeu:

– Eu verei, sem dúvida, mas não gosto muito deste método e serei mais exata indo ver o doente; onde ele está?

Eu dei o endereço que a mãe me havia fornecido, na rua da alfândega.

– Estou aqui, entrando. Ah! então você é sapateira? – Sim, senhora.

– Preciso ir ao sótão. Ele está bem mal, com falta de ar.

– Verdade", disse a mãe.

– Pobre criança, como está reclamando, ele vai inchar, está vermelho, com febre, muito doente. Dê para ele uma colher de café deste líquido a cada 15 minutos, e se ele

[29] N.T. Franco era a moeda francesa até surgir o Euro.

tolerar algumas gotas, estará salvo.

Ela entregou o líquido.

– Mas ele não vai tolerar –, disse a mãe.

– Vai sim, tenho a esperança de que ele vai tolerar; vá bem rápido e guarde seu dinheiro para cuidar de seu filho. Eu quero revê-lo amanhã, traga-me sua touca de dormir.

No dia seguinte, a mãe voltou feliz; seu filho havia bebido o líquido por toda a noite e chegou até a beber na xícara, de tão bem que estava. A sonâmbula o viu melhor e prescreveu um tratamento por quatro dias. No quinto dia a mãe retornou; a sonâmbula havia perdido sua lucidez e eu não consegui adormecê-la. Disseram-me que a pobre criança havia morrido no dia seguinte. Essa sonâmbula não atendia doentes, razão pela qual ela era suscetível a perder a lucidez por vários meses para recuperá-la, em seguida e perdê-la novamente.

Há sonâmbulos que podem ler através de corpos opacos, ver através de uma parede, ler uma carta dentro do envelope, ler no escuro, durante a noite. Outros necessitam que o objeto esteja na claridade, mesmo que seus olhos fiquem hermeticamente fechados por pedaços de couro colados, tampões de algodão ou por faixas diante dos olhos e amarradas à cabeça. Uma sonâmbula que era capaz de costurar e trabalhar, me dizia:

– Quanto mais o senhor colocar bandagens, menos eu me canso; eu consigo trabalhar uma hora sem essas bandagens, mas com três ou quatro bandagens, trabalharia três horas.

Os sonâmbulos são capazes de jogar cartas, ver o jogo do adversário e as demais cartas, sem necessidade de virá-las.

Para os magnetizadores, as bandagens não têm valor algum. Basta-nos saber, levantando as pálpebras, que o globo ocular está convulsionado, revirado, o que é indispensável ao sonambulismo.

Nós já salientamos que a visão pode se transportar para a testa e epigástrio, na maioria dos casos, e para a ponta dos dedos, com muita frequência. É também bastante comum encontrarmos sonâmbulos que veem por dois pontos diferentes; formei quatro sonâmbulos que viam pela testa e pela ponta dos dedos das mãos e dos pés, ao mesmo tempo. Uma sonâmbula me dizia, quando eu lhe perguntava por onde ela via:

– Eu não posso precisar, mas parece que tudo se ilumina em torno da minha cabeça sem que eu possa definir um local fixo.

Falamos da visão, e vamos dar algumas informações sobre o paladar que também se encontra modificado.

Os sonâmbulos diferenciam muito bem a água magnetizada da que não é magnetizada. Você pode colocar um copo de água magnetizada ao lado de cinco ou seis sem água magnetizada, que ele não se enganará, indicando o correto. Você pode transformar, para eles, a água em todos os tipos de licores. Um dia em que eu fazia esta experiência, um assistente me pediu para fazer uma tinta. Eu cedi à sua solicitação, persuadido de que o indivíduo não iria beber. De fato, ele me disse:

– O que você está me dando? É completamente preto.

Ele levou o frasco à sua boca e, num movimento de cólera, jogou o conteúdo no meu rosto, acrescentando que era sórdido eu ter dado a tinta.

Se você oferecer a um sonâmbulo as coisas segundo seu gosto, ele lhe agradecerá. Mas não é incomum vê-los agitar o fundo do copo quando você lhes tiver dado água com açúcar; se for chá ou café, ele será quente demais ou frio demais; se for quente demais, ele vai soprar a bebida e se for frio demais, ele vai lhe devolver para requentar, e isso lhe será fácil por sua vontade, acompanhada de alguns passes. Eu fui convidado por um magnetizador para uma sessão noturna dada por uma sonâmbula. Eu achei por bem levar uma provisão de docinhos e de croquetes. Eu os dei em seguida ao magnetizador, para transformá-los em qualquer substância, e isso a pedido dos convidados, pedido este formulado por escrito. A sonâmbula achava que havia comido chocolate, açúcar, marrom glacê, pão temperado, presunto e uma pera, mas o magnetizador não se satisfez com isso e quis ir adiante. Foi procurar um toco de vela, com o qual fez uma bolinha e disse que era uma ameixa; a sonâmbula comeu sem desconfiar, achando-a muito saborosa. Mas, ao acordar, sentiu um gosto ruim na boca; o gosto do sebo da vela surgiu, ela se aborreceu e foi informada desta brincadeira de mau gosto pela qual o magnetizador nunca foi perdoado desde então.

Um magnetizador nunca deve ceder ao pedido de um incrédulo que diz querer se convencer e faz pedidos bizarros, desonestos, que até podem ser nocivos à saúde da pessoa que lhe é confiada; é muito melhor deixar que ele permaneça incrédulo.

Há sonâmbulos que sentem o mesmo gosto que o magnetizador e provam todas as sensações que ele prova. Eu vi uma sonâmbula ler por três vezes palavras que destacamos de diversos cartazes. Foram recortadas e enroladas quinze tiras de palavras, colocadas num chapéu, sorteadas ao acaso e coladas (por nós, magnetizadores atentos contra qualquer farsa) na parede de um cômodo vizinho, enquanto a porta do quarto da sonâmbula estava bem fechada. As palavras foram organizadas de forma a não serem vistas através da porta; para nossa grande satisfação, vimos essas três experiências serem bem-sucedidas.

As linhas seguintes vêm contribuir para uma comunicação de pensamentos e sensações entre o magnetizador e o magnetizado. Na mesma sessão de que falei há pouco, haviam comprado pastilhas de diversos tipos e, à medida que eram dadas para o magnetizador comer, a sonâmbula fazia o mesmo movimento de lábios e dizia:

– A pastilha boa é a de menta; o chocolate bom tem baunilha.

Esta experiência foi repetida cinco ou seis vezes e a sonâmbula nunca se enganava. O magnetizador começou a fumar um cigarro e a sonâmbula simulava fumar e afastava a fumaça dizendo:

– Este tabaco é bom, não é caporal, é Havana.

Há sonâmbulos que, quando alguém bate numa parte do corpo de seu magnetizador, sentem no mesmo local o mesmo que o magnetizador e se queixam fortemente da dor que lhe foi causada.

Eu vi, numa reunião noturna de 35 pessoas, uma sonâmbula, pelo contato, identificar sete pessoas da mesma família, separando-as dos demais espectadores. Também lhe deram dez lenços e, após segurá-los, ela os devolveu aos seus respectivos proprietários; reconheceu uma moeda de cinco francos magnetizada, que estava misturada a outras dez ou doze, e outra moeda de cinco francos que estava sob um vaso no cômodo vizinho. Inclusive, essa mesma sonâmbula dirigiu-se para perto do vaso e, espontaneamente, ergueu-o.

Tive uma sonâmbula que era impressionável a ponto de uma pessoa doente, que se localizava a cinco ou seis passos dela, a incomodasse muito, principalmente se ela estivesse em relação com outro indivíduo. Eu fui obrigado a construir uma verdadeira parede, ou seja, criei uma distância de alguns metros entre ela e o consultante, para que ela ficasse tranquila.

Numa outra ocasião, eu a fechei – pelo meu pensamento – numa caixa imaginária, e ela se pôs a gritar que não conseguia respirar. Imediatamente eu desfiz a caixa. Um dia, no meu gabinete, que media em torno de três metros por dois, eu fiz uma parede a fim de isolá-la dos que vinham vê-la. Neste momento, alguém me chamou e saí do gabinete; ela quis me seguir, mas a parede permanecia lá, ela bateu nessa parede e, no contragolpe, sua cabeça tocou num parafuso, causando uma grave ferida. Quando ouvi que ela gritava, eu voltei e vi minha sonâmbula caída no chão. Eu a magnetizei e, quando ela acordou, ficou assustada com este incidente, do qual ela não tinha consciência alguma.

Se estivéssemos num cômodo em plena luz do dia ou durante uma noite com iluminação, bastava que eu lhe desse passes diante das janelas ou das luzes para que essa pessoa reclamasse que tudo estava escuro. Ela ficava com medo e queria ir embora a todo custo. Eu magnetizei a maçaneta da porta para que fosse sentida como incandescente e pedi à sonâmbula que me buscasse alguma coisa. Ela desconfiou, mas foi, tocou na maçaneta, tirou a mão, tocou outra vez e a retirou novamente, dizendo:

– Está queimando!

Eu disse que não estava queimando e indiquei que ela seguisse adiante. Ela fez um esforço com um movimento brusco, abriu a porta e segurou seu punho que ela disse estar machucado; chorava intensamente. Eu lhe disse que isso não era nada e que esse machucado se curaria numa sessão. De fato, cinco ou seis passes fizeram com que ela ficasse contente.

Bastava que eu desenhasse, com o dedo, uma linha imaginária no chão para que ela não conseguisse ultrapassá-la. Eu a colocava na prisão fechando-a numa parede estreita à sua volta, com pouco mais de um metro de altura. Ela se entristecia, mas, como neste estado ela ficava muito gulosa, eu a acalmava, fazendo passar por cima da parede docinhos e um bom vinho feitos com pedaços de pão e meia garrafa de água magnetizada – refeição nada cara.

Para retirá-la dessa prisão, eu fazia uma fresta estreita na parede e ela se tornava o mais magra possível, apertava sua roupa no corpo, passava para o outro lado e ficava feliz por estar livre.

Esta sonâmbula não se enganava ao tocar nos frasquinhos de glóbulos homeopáticos; ela dizia qual substância era empregada como base do medicamento e, quando a substância era um vegetal, se havia sido produzida com a folha, a flor ou a raiz, além de indicar em que casos esses glóbulos poderiam ser empregados. Ela também sentia todos os sintomas e, algumas vezes, após pensar um pouco, até dizia o nome do medicamento. Isso acontecia diante de um médico homeopata.

Um dia, ela me disse:

– Não sei o que tenho, estou nervosa. O senhor poderia me fazer ver algo, como uma batalha, que me desse bastante movimento?

Eu disse: – Vou levá-la à Argélia, pois estão em guerra e você verá muitos tiros, canhões, metralhadoras, bombardeios, cavalaria, tropas; veja, chegamos.

Isto aconteceu num corredor de menos de três metros de largura e pouco mais de dez metros de comprimento; havia portas que davam para esse corredor. Era impossível contar todos os movimentos da sonâmbula, que se misturava aos combatentes, atirava com o fuzil, se escondia nas portas e lutava com espada. Por fim, após meia hora de movimentação, foi ferida no joelho, caiu e se arrastou pelo chão até um banco que estava a três metros e ali descansou; quando eu ia fazer um curativo, ela amarrou um lenço na perna e retornou ao campo. Havia entre oito a dez pessoas no final do corredor observando esta cena. Enfim, um realejo chegou no corredor e pôs fim à batalha. Eu disse a um dos assistentes que minha sonâmbula iria ouvir a música, que era como uma valsa; coloquei sua orelha perto da caixa de som. Ao ouvir a música, ela parou, escutou e procurou alguém que dançasse a valsa com ela; eu dei duas ou três voltas com ela e a deixei repousar um pouco e a despertei. Ela ficou muito impressionada por sentir um lenço em seu joelho.

O que eu desejei fazer com a sonâmbula foi um panorama completo de imaginação; ela o viu e, para ela, era uma ação de verdade. São esses tipos de fatos que enganam muitos magnetizadores entusiasmados demais e, sobretudo, os espiritualistas: estes espiritualizam os sonâmbulos, que são apenas os ecos de sua imaginação. Daí vêm as divergências entre eles.

Vamos permanecer magnetizadores religiosos, pois só seremos magnetizadores se tudo o que há de verdade no magnetismo e no sonambulismo inspirar ideias sagradas e se agradecermos ao Criador todos os dias. Quando eu magnetizo um doente, peço que Deus me ajude a curá-lo ou, ao menos, que lhe produza algum alívio.

Estes sonâmbulos, com quem podemos fazer viagens imaginárias, são suscetíveis a viajar e a realmente verem tudo.

Existem os que, ao despertar, podem ver coisas que não existem ou com as quais podemos transformar fatos.

Eu peço para contar as pessoas sentadas diante de meu indivíduo sonâmbulo (são doze) e peço que ele deseje que eu me torne invisível, através de alguns passes que lhe dou; desperto o sonâmbulo e pergunto quantas pessoas vê diante de si. E ele responde:

– Onze.

Pergunto se há algum lugar vazio e ele responde :

– Sim.

Pergunto onde está este lugar e ele indica. Ordeno: – Vá se sentar nesse lugar e ele vai sem dificuldade. Pergunto se está bem e ele responde:

– Tudo bem.

Eu o libero pela vontade e peço que olhe o encosto de sua cadeira; sua surpresa é tão grande, que ele foge, escondendo o rosto entre suas mãos.

Você pode fazer desaparecer as luzes (quatro ou cinco velas). Faça indicar as que devem desaparecer e as magnetize; acorde a sonâmbula e pergunte quantas luzes há. Ela não verá as magnetizadas. Você pode fazer desaparecer um móvel, um espelho ou um relógio de pêndulo e, com a mesma facilidade, trocá-los de lugar após o despertar. Eu dizia a um jovem sonâmbulo, ao acordá-lo:

– Como seu rosto é negro!

Ele foi se ver no espelho.

– Você retirou o espelho daqui?

Respondi: – Sim, coloquei em outro local, procure-o.

– Olhe! O senhor o colocou do lado oposto ao que estava e aqui não fica bem, pois o espelho estava melhor antes, agora está no escuro.

Eu o libero enquanto ele está virado de costas e, para seu espanto, ele vê o espelho como era normalmente.

Numa outra vez, foi um relógio de pêndulo que eu fiz desaparecer, em outra vez ainda, o relógio ficou no lugar, ele via os ponteiros, mas não via os números e não podia me dizer a hora. – Que relógio estranho! –, ele me dizia.

Pelo pensamento, você pode colocar, imaginariamente, vasos de flores sobre um móvel, ao lado de um relógio de pêndulo e o indivíduo os verá. Você pode deixar apenas o corpo e a cabeça de um assistente e fazer com que suas pernas desapareçam. Seu sonâmbulo vai achar isso muito bizarro. Você pode trocar a cabeça de uma ou de várias pessoas: coloque em uma a cabeça de um carneiro, em outra a de um macaco, em outra a de um cervo etc. Por fim, você poderia fazer um zoológico de seu auditório e o sonâmbulo estaria convencido de que os animais da Criação desfilam diante dele.

Você ainda pode fazer com que o sonâmbulo esqueça seus sobrenomes e seu próprio nome, pela sua vontade, ao despertá-lo. Pergunte a ele seu nome e sobrenome:

– Como você se chama? Ele vai refletir:

– Impressionante, não sei.

Pergunte seu primeiro nome. Ele dirá:

– Também não me lembro".

– E o seu pai, como ele se chama?

– Então eu perdi a cabeça, não sei mais nada disso.

Se ele começar a chorar, eu o liberaria com convicção e retomaria uma outra vontade.

Esses tipos de experiência devem ser feitos logo após o despertar, pois os indivíduos ficam ainda 7 a 8 minutos sob a influência magnética, especialmente se não forem bem liberados; os olhos ficam abertos, mas o cérebro e o corpo ainda estão sob o poder do magnetismo.

Para fazer as experiências que acabo de citar, devemos empregar prudência e conhecer bem o sonâmbulo. Dois exemplos serão suficientes. Trata-se de um jovem sonâmbulo de 13 a 14 anos para quem foi criado, ao seu despertar, um zoológico de animais ferozes. Esta criança ficou com medo deles; ele se escondia, com os olhos distantes, chorando demais; não conseguiam trazê-lo de volta e houve muita dificuldade para que ele retomasse a confiança: ele acreditava ser sempre perseguido.

Criaram um homem para que outra sonâmbula, enquanto acordava, o visse; sua cabeça havia sido retirada. Ela ficou tão impressionada com isso, que teve uma crise nervosa extremamente séria, que durou mais de duas horas.

Eu poderia acrescentar outras experiências, mas me parece ter detalhado suficientemente diferentes caracteres dos sonâmbulos para julgar como podemos aproveitar suas faculdades; enfim, tudo depende da inteligência do magnetizador e do hábito de conduzir os sonâmbulos.

Eu acrescentaria que diversos sonâmbulos poderiam fazer, em pequenos grupos, coisas encantadoras, enquanto, numa grande reunião, essas mesmas experiências poderiam não ser tão comuns. Isso pode ocorrer especialmente antes de os sonâmbulos estarem habituados a um público numeroso que nem sempre tem a paciência necessária a um estado tão extraordinário.

Vários sonâmbulos e várias pessoas que não conseguem dormir são suscetíveis aos efeitos da atração e repulsão, com diferentes graus de intensidade mais ou menos pronunciados. Sobre certos indivíduos, estes efeitos são tão fortes a ponto de eles poderem passar através de uma parede: com o magnetizador num outro cômodo, o indivíduo irá se fixar como um cartaz. Às vezes é difícil desgrudá-lo e o magnetizador é obrigado a passar a mão entre as costas do indivíduo e a parede para separá-los.

A atração também pode ocorrer nos membros, ou um seguido do outro; os dois braços ou as duas pernas de uma só vez. Os membros ficam enrijecidos, e a isso chamamos de catalepsia artificial. Neste estado, em geral, a insensibilidade é total; pode-se cutucá-los, beliscá-los, cortá-los, operá-los sem que o doente sinta a mínima sensação. Assim, vou apresentar um exemplo a seguir.

Oitava lição

Cirurgia feita num indivíduo que perdeu a sensibilidade através do magnetismo

Na quarta-feira, 27 de maio de 1846, às 4 horas e 40 minutos, o dr. Loysel, com a ajuda do dr. Gibon, auxiliado por três outros médicos, praticou, com notável talento e total sucesso, a cirurgia aqui descrita, no sr. François Raysset, de 18 anos, previamente induzido por seu magnetizador, dr. Delente, ao sonambulismo e à insensibilidade magnética. Esta cirurgia foi realizada na presença de muitos espectadores, atraídos menos pela curiosidade do que pelo interesse que um meio tão útil à humanidade pode inspirar.

Desde as 4 horas, o doente, sentado numa poltrona comum, foi magnetizado pelo sr. Delente, que já o havia induzido várias vezes ao sonambulismo magnético. Após uns dois minutos, os olhos do indivíduo se fecharam pouco a pouco; as pálpebras superiores, agitadas por um leve tremor, se apoiaram com força contra o globo ocular, que parecia tremer abaixo da sobrancelha. Os músculos do pescoço se relaxaram com muita leveza, a cabeça se inclinou para trás e descansou no encosto da poltrona. O doente permaneceu com os dois braços cruzados na base do tórax; seu aspecto exprimia a mais completa quietude. Então, o magnetizador, com um longo estilete, fez diversas pequenas perfurações no corpo do paciente, que parecia não perceber o experimento ao qual estava sendo submetido.

Enquanto isso, o dr. Loysel preparava seus instrumentos, e os médicos que o assistiam se puseram na posição de auxiliares do cirurgião. Às 4 horas e 40 minutos, uma primeira incisão com o bisturi se estendeu da parte posterior esquerda do maxilar inferior até abaixo do queixo. Então, o cirurgião dissecou com precisão uma massa tumoral considerável que logo foi retirada, que apresentava sete fragmentos reunidos, e o maior deles tinha a forma e o volume de um ovo.

Esta primeira dissecção durou mais do que dez minutos, apesar da destreza com que foi praticada. Neste tempo, o paciente manteve-se em total imobilidade: nenhuma emoção se manifestava; seu rosto permanecia calmo e, o que é notável, não apresentou a mínima palidez na pele, nem qualquer franzimento da região das sobrancelhas ou qualquer sinal que sugerisse o mais leve sofrimento. No entanto, todos os assistentes ficaram profundamente comovidos; alguns, assustados com a enorme ferida que apresentava uma considerável abertura, não puderam suportar tal espetáculo e se retiraram do local.

O pulso, que havia sido avaliado antes da cirurgia, não sofreu nenhuma variação; continuou em 84 batimentos por minuto, e a inspiração se manteve regular e bem de acordo com os batimentos cardíacos.

Após dez minutos de repouso, o dr. Loysel realizou nova incisão do lado direito e extirpou, da mesma forma, duas outras massas tumorais. O doente permaneceu exatamente no mesmo estado da primeira cirurgia, conservando uma calma e imobilidade raras.

As duas cirurgias duraram um total de 29 minutos, incluindo o intervalo. Em seguida, um dos espectadores, que se interessou bastante pelo fenômeno, interrogou o doente, com o seguinte diálogo:

– Como você se sente?

– Bem, senhor.

– Você está sentindo dor agora? Sentiu dor em algum momento?

– Não, senhor, absolutamente nada.

Às 5 horas e 31 minutos, o fechamento da ferida teve início. Os bordos da primeira ferida foram unidos com o auxílio de cinco fios de metal que atravessaram o tecido, o que durou 4 minutos. A segunda ferida foi fechada com apenas um fio. Depois, foram aplicados esparadrapos em cada ferida. O fechamento com curativo terminou às 5 horas e 57 minutos. Foram retirados do cômodo todos os objetos cuja visão poderia causar uma impressão desagradável ao doente. Após ele mesmo ter-se lavado e vestido, foi despertado por seu magnetizador, em menos de um minuto. De volta à vida normal, o jovem Baysset, que manteve a calma e o bem estar, declarou a diversas testemunhas da cirurgia, que o interrogaram de forma entusiasmada e emocionada, que não tinha qualquer lembrança nem qualquer consciência do que havia acontecido. Disse que não sentia nenhuma dor e que, se não fosse pelos curativos que envolviam sua cabeça, ele mesmo duvidaria de que a cirurgia teria sido realizada. Ele agradeceu afetuosamente ao dr. Loysel, ao sr. Delente e aos médicos que ficaram ao seu lado; depois, se retirou e se dirigiu a pé, sem qualquer apoio, para sua casa, localizada em Equeurdreville, a dois quilômetros de Cherbourg.

As seguintes pessoas estavam presentes nesta cirurgia e certificaram o fato:

Srs: Noël Agnès, vice-prefeito; Obet, médico; P., membro correspondente da Academia de Medicina; Gibon, médico; Boëlle, cirurgião da Marinha; Chevrel, jurista; e membro do Conselho da região; Rauline, capelão do Hospital Marítimo; coutance, diretor das despesas militares; Durand, professor de Filosofia; De Roussel, engenheiro da Marinha; Lacombe, tenente de navio; Ricard, professor de Magnetologia; Doisnel, empresário; Vergnes, instrutor de navio; Daragon, professor; Ford, advogado da Universidade de Eton[30]; Auguste Jean, negociante; Adolphe Lambert, empresário; Pesnel; Lepoivre; Lallemand; F. Grave, residentes em Équeurdreville; e Bayssé, o paciente operado.

As cirurgias realizadas sem dor em doentes em estado de insensibilidade magnética são tão numerosas, que devemos nos surpreender com o fato de certos médicos não empregarem este excelente anestésico, que apresenta todas as vantagens do clorofórmio, sem seus inconvenientes.

Quando um indivíduo for colocado em estado cataléptico e acordado nesta posição, ele se surpreende ao ver seus membros rígidos, pede que o liberem desta posição, mas, com exceção disso, ele não se sente mal.

Cinco ou seis pessoas colocadas uma diante da outra (e o sonâmbulo com as costas voltadas para as costas da última) podem ser deslocadas pelo poder da atração.

Você pode magnetizar uma cadeira através da vontade de prender um indivíduo nela, e ele não conseguirá se levantar.

Se uma pessoa estiver sentada e você colocar a trinta ou quarenta centímetros de distância, no chão, um objeto que você mesmo magnetizou, você verá as pernas (ou a perna, se for a sua vontade) desta pessoa deslizarem no

[30] Provavelmente o autor se refere a uma famosa escola inglesa e não à Universidade estadunidense de Eton.

chão para tocar o objeto. Se o objeto tiver sido colocado longe demais, a pessoa será forçada a se deslocar e, neste caso, o indivíduo correrá o risco de escorregar da cadeira e se ferir.

Os indivíduos catalépticos são muito dedicados aos estudos e não deixariam de relatar todas as experiências e todos os fenômenos que podem apresentar.

Eu acabo de mostrar os principais efeitos físicos do magnetismo e vou chamar a atenção dos meus leitores sobre o fato que se segue. Não é mais o ser material que se submete à ação poderosa do magnetizador, mas o ser mental e inteligente. Nem preciso acrescentar que, neste caso, como naqueles unicamente materiais, o magnetismo modifica, de forma estranha, os indivíduos suscetíveis de receberem sua influência.

Reconciliação durante o sono e persistente no despertar

O Sr. Petit, de 1,88 m, 47 anos, cabelos e bigodes grisalhos, estes com as pontas voltadas para cima, ex-maestro de uma banda, estava com um de nossos colegas, o sr. Letur, numa casa em Saint-Quentin onde falavam sobre magnetismo. O sr. Petit disse ao sr. Letur:

– Eu não acredito no magnetismo; se você me adormecer, eu me rendo.

O desafio foi aceito e, vinte minutos depois, o incrédulo estava em estado de sonambulismo com lucidez.

Então o sr. X., magnetizador conhecido no local, manifestou o desejo de ver o sr. Petit, seu velho amigo, com o qual ele havia se desentendido há tempos; ele falou sobre isso com nosso colega Petit e combinaram dia e hora para uma conversa. O sr. Letur se preocupou em levar muitas pessoas; sua intenção era reconciliar dois rivais, além de querer saber se o sonâmbulo reconheceria esse contato. Ele colocou o sr. Petit num canto do cômodo com cinco pessoas à sua frente; todos o tocaram e falaram com ele. Subitamente, um senhor deslizou seu braço e tocou na mão do sonâmbulo, que deu um pulo da cadeira, dizendo:

– Acordem-me, vocês estão me fazendo uma brincadeira de mau gosto, pois sabem que eu me desentendi com este senhor! Nós nunca pudemos nos explicar nem nos fazer compreender e decidimos não mais conversarmos. Isso é inútil.

O magnetizador decidiu reconciliá-los e falou ao sonâmbulo com calma, mas não teve sucesso. Então, ele colocou a mão sobre a cabeça do sonâmbulo, acrescentando mentalmente:

– Eu quero!

O sonâmbulo respondeu:

– Você me destruiu, você me nocauteou, você me maltratou!

Em seguida, ele apertou a mão do Sr. X. sem dizer uma única palavra e permaneceu em silêncio. De repente, levantou-se:

– Está bem, sim, vamos fazer as pazes, mas quero lhe dizer o que eu penso; saiam todos daqui.

Cinco minutos depois, Petit estava acordado, apertando gentilmente a mão de seu amigo que pretendia rejeitar com raiva, quando o magnetizador pôs a mão sobre sua cabeça, o que lhe fez recordar que a reconciliação havia acontecido. Petit, rindo, olhou para seu amigo e disse:

– Da minha parte, não há mais ressentimento.

Desde então, o Sr. X. magnetiza seu novo amigo.

Fatos deste tipo são numerosos. É assim que, graças unicamente ao magnetismo, as crianças e, mesmo os adultos, com tendência a algum problema ou alguma paixão, viram reduzir sensivelmente e, depois, ceder completamente os vícios que tanto mal faziam às famílias.

É frequente apresentarem-se à Sociedade Filantrópico-Magnética doentes que dizem sofrer de alucinações, obsessões e, mesmo, de um início de alienação mental. Outros sofrem de "sombras", veem sua existência triste, nebulosa e ficam desgostosos com a vida. Outros ainda saem dos hospícios e apresentam, juntos ou separadamente, um pouco de todas as aberrações de que acabamos de falar.

Certamente, a persuasão está muito envolvida na cura deste tipo de afecções, mas ela não estava ausente nos doentes sobre os quais já falamos. Pais e amigos desses doentes tentaram, de todos os modos possíveis, fazê-los recuperar o estado mental, comprometido em todo o corpo, sem que o doente pudesse afirmar exatamente a localização de sua doença.

Ora, o magnetismo, em casos semelhantes, é de grande utilidade e só temos que nos sentir honrados pelo uso que fazemos dele. Observamos que ainda há, com bastante frequência, entre esse tipo de doentes, pessoas de grande sensibilidade magnética e sua cura é, portanto, bem mais rápida.

Da formação dos sonâmbulos

Nem todos os magnetizadores, a meu ver, estão aptos a formar um sonâmbulo e são numerosas as causas para isso. Vou citar diversas: primeiramente, os magnetizadores que querem ter um sonâmbulo para ganhar muito dinheiro; os que querem um sonâmbulo para fazer tudo; os magnetizadores que não têm autoconfiança e que não sabem que direção dar às faculdades de seus sonâmbulos ou que nem sabem reconhecê-las; os que, devido a outros interesses, têm diferentes preocupações; os que, por natureza, têm inúmeros projetos em mente; os que estão doentes ou são angustiados e atormentados. Estes últimos só são capazes de formar sonâmbulos doentes ou insanos e devem se abster de magnetizar, pois podem causar um mal-estar geral e até mesmo transmitir sua própria doença. Tudo se resume, em poucas palavras, a algo a que não prestam muita atenção: estar são de corpo e de espírito.

Além disso, existe diferença de temperamentos entre magnetizadores e sonâmbulos, pois eles podem ter maior ou menor grau de empatia. Na minha opinião, um magnetizador nervoso demais não seria conveniente a uma sonâmbula nervosa, pois, em geral, dois temperamentos iguais são antagônicos. Os temperamentos sanguíneos-nervosos ou nervosos-sanguíneos são os preferidos para o magnetismo, pois têm a maior chance de que este seja bem-sucedido.

Se você encontrar alguém sensível que queira saber se consegue ser induzido ao sonambulismo, faça com que ele esteja sentado confortavelmente numa poltrona cujo encosto seja elevado o suficiente para sustentar a cabeça; coloque-se diante dele a uma pequena distância, sentando-se num nível um pouco mais alto. Não entrelace suas pernas nas dele, pois isso se presta ao ridículo. Recomende que ele faça o possível para evitar pensamentos, deixe cair suas pálpebras sem qualquer resistência. Fale com ele de maneira a inspirar confiança, pois, com medo ou repulsa, é impossível qualquer sucesso.

Aplique em você mesmo alguns passes liberadores na testa para se abster de qualquer outra ideia. Fixe por um momento o seu sonâmbulo, recomendando-lhe que tenha um olhar perdido a fim de que ele não seja intimidado. Depois, mostre as pontas dos dedos esticadas, levemente separadas, assim como o polegar, com a palma da mão em forma de concha; nesta posição, o polegar fica abaixo do dedo indicador. Apresente-os na raiz do nariz, diante dos olhos, entre as sobrancelhas. Aí há uma pequena membrana que se chama "mesa cravejada", como que perfurada por pequenos pregos, como uma escumadeira, por onde passam os filetes nervosos que seguem em várias direções. É daí que você deve começar, descendo até abaixo do queixo e subindo a mão abaixando as pontas dos dedos, como uma espécie de balanço, sem rigidez. Assim, o braço não faz nada, pois tudo é por conta do punho. Por intervalos, fique alguns instantes diante dos olhos e depois coloque a concha da mão acima da testa, sem apoiar. Você pode se manter de pé para ter mais facilidade em envolver a cabeça com suas mãos, sempre mantendo distância das orelhas, com as pontas dos dedos diante da testa. Você pode aplicar passes, a seguir, sempre das sobrancelhas ao epigástrio, por um leve movimento do antebraço e do punho. Se os olhos do sonâmbulo se fecharem, observe se o globo ocular vai se agitar pelo movimento percebido nas pálpebras e este será o indicativo de que os olhos tendem a se convulsionar (revirarem-se), o que é um bom sinal. Nesse caso, eu peço para elevar a pálpebra para saber de que lado os olhos tendem a se revirar, se para fora ou para dentro, em direção ao nariz. Então, eu busco facilitar o movimento do lado em que eles tendem a ficar. Coloque as pontas dos dedos aproximadas diante das duas orelhas para saturá-las de fluido com a vontade de paralisar os nervos auditivos. Se a pessoa apresentar abalos nervosos muito fortes, afaste-se um pouco dela e suavize sua vontade, pois sempre devemos ser nossos próprios mestres. Um magnetizador muito forte pode magnetizar uma criança muito pequena e lhe fazer bastante bem ou bastante mal, caso ele não saiba controlar sua vontade.

Quando você tiver magnetizado por, no máximo, 20 a 30 minutos, como eu indico, pergunte à pessoa como ela se sente. Se ela responder que se sente bem, você pode deixar que ela descanse por 15 a 20 minutos e ela experimentará uma sensação tão boa que facilitará o próximo sono. Não a interrompa com perguntas, mas se você perceber que a respiração dela está comprometida, faça alguns passes de liberação diante do tórax e do estômago. Por fim, cuide dela como uma mãe cuida de seu filho no berço; após esse tempo, antes de acordá-la, aplique passes de liberação desde a cabeça até os pés e algumas fricções magnéticas das costas às pontas dos dedos. Avise a ela que você vai despertá-la, pois nunca devemos fazer surpresa para despertar; o melhor procedimento, a meu ver, consiste em colocar os dois polegares sobre as pálpebras e retirá-los, soprando delicadamente a testa. Duas vezes devem ser suficientes, com alguns passes transversais, cruzando as mãos e as afastando com vigor, mantendo sempre a vontade de despertá-la.

Repita essas sessões com a maior frequência possível, todos os dias e na mesma hora, se for possível, para não perder sua influência, e a saúde da pessoa ficará boa. Tenha cuidado e paciência, pois só a pessoa poderá lhe dizer quando seu sonambulismo estiver concluído. Não dê, entretanto, muita importância ao que ela diz, pois o medo de lhe cansar vai fazê-la dizer, algumas vezes, algo diferente do previsto, ou então, ela poderá se enganar, já que o processo ainda não está concluído. No curso das sessões, faça-lhe alguns pedidos e você verá se eles se realizam; é assim que você poderá, mais tarde, julgar o grau de lucidez e de confiança que ela inspira. Se ela se enganar, diga-lhe, docemente, com delicadeza, que ela se enganou; se ela quiser lhe enganar, reprima-a energicamente. Diga-lhe que o Criador, que quis lhe dar esse dom da alma, pode puni-la se ela quiser enganar de propósito; que foi isso que destruiu a confiança de que você poderia levá-la ao sonambulismo.

Chegando à lucidez, pergunte até onde as faculdades da pessoa podem conduzi-la. O que a interessa mais, as viagens, as pesquisas ou as doenças? Geralmente o sonâmbulo tem mais tendência a uma delas do que às outras; não o influencie, pois, em todos os casos, ele pode prestar bons serviços. Seria desejável que os sonâmbulos fossem classificados; alguns podem reunir diversas faculdades; assim como na vida normal, existem os privilegiados pela natureza.

Eu repito: o sonâmbulo se forma pela influência de seu magnetizador, com seus gostos e suas tendências. Se ele lhe disser que quer cuidar de doentes, antes de deixar que ele exerça essa tarefa com tanta firmeza, coloque-o em contato com seus amigos e seus conhecidos. Veja se ele vai bem ou mal, veja como ele estabelece a relação, perceba que tudo deve vir dele e você nunca deve sugerir nada. Se ele for lúcido, pergunte como ele vê o remédio. Eu tenho por hábito dizer para eles que o Criador colocou sobre a terra uma grande quantidade de plantas e de minerais de acordo com o clima. E tenho certeza de que ali está tudo o que cura os males que nos afligem, especialmente, se todo esse material for bem escolhido e apropriado, bem dosado em relação ao temperamento, à gravidade do mal, à idade e à situação do doente. Faça com que seu sonâmbulo se compare com os animais, que são orientados pelo instinto – quando são livres e selvagens – a encontrar a planta que os deve curar. Afinal, o Criador deu a esses sonâmbulos uma dose bem grande de inteligência, mais evidente ainda no estado de sonambulismo, e que, por esta razão, também lhe vai ser fácil encontrar a cura.

Os sonâmbulos são como quaisquer pessoas, nem todas são capazes de fazer determinadas coisas. No mundo, um bom pintor seria, sem dúvida, um péssimo mecânico. Além das diferentes faculdades dos sonâmbulos, a figura do magnetizador muda a natureza do sonambulismo, pois o sonâmbulo se impregna dessa natureza, especialmente se este tiver sido formado pelo magnetizador e conservado por longos períodos suas ideias e seus gostos. Se o magnetizador for um homem que deseja ganhar muito dinheiro, o sonâmbulo vai querer muito dinheiro; se for pessoa caridosa, o sonâmbulo também o será e se o magnetizador desejar que o sonâmbulo lhe preste serviços constantes, o sonâmbulo sempre estará pronto para fazê-lo. Se o magnetizador for inteligente e instruído, as faculdades do sonâmbulo serão bastante desenvolvidas. Poucos têm noção dos cuidados necessários para a formação de um sonâmbulo. Quando este dorme, muitos acreditam possuir um sonâmbulo e o estimulam, levando-o ao cansaço com demandas de todas as naturezas. Ele vai falar sem ter tido tempo para refletir e, com frequência, percorrerá um caminho errado e se perderá. O que interroga vai se enganar, dizendo que está testando a lucidez do sonâmbulo e, então o sonâmbulo, perdido, não consegue recuperar seu caminho. Os magnetizadores que fazem isso são criminosos, pois levam o sonâmbulo ao erro.

Se você não deseja ser enganado por um sonâmbulo, não procure enganá-lo também, pois isso é péssimo. Se você deseja que o sonâmbulo lhe seja útil, seja para as doenças, buscas ou viagens, ensiná-lo a ler pensamentos é um procedimento que o expõe a uma série de erros, geralmente prejudiciais ao que lhe interessa. Se for o caso de um doente, em vez de ver e se colocar em relação com ele para sentir suas dores, o sonâmbulo vai ler o pensamento do doente e fazer receitas que não convêm àquela doença, pois o doente acreditará ter uma doença imaginária. Eu vi vários doentes que acreditavam sofrer dos pulmões, o que não era verdade, assim como outros casos semelhantes. Eu vi um doente que havia consultado três médicos e cada um destes tinha dado um nome diferente para a doença. Como doente poderia, pelo pensamento, instruir um sonâmbulo que está sob a orientação de um médico que lhe deu o mau hábito de ler o pensamento? A receita será elaborada segundo a fórmula do médico, já que o sonâmbulo não vai se dar ao trabalho de procurar no grande livro da natureza.

Se o caso for procurar um objeto extraviado, perdido ou roubado ou um tesouro perdido, é quase certo que o consultante tenha sempre uma ideia concebida que o sonâmbulo vá confirmar. O consultante ficará satisfeito, mas o resultado só servirá para que ele perca dinheiro ou leve determinada pessoa a um julgamento temerário; isso pode gerar uma série de problemas que vão além do que se imagina.

Para uma situação de viagem ou de visão a distância, se a pessoa que conduz o sonâmbulo tiver bom conhecimento de todos os locais aonde se deve ir ou dos objetos que ele deve indicar, tudo ficará muito bem; caso contrário, o sonâmbulo poderá divagar e se cansar inutilmente.

Nona lição

Perigo de abandonar um indivíduo magnetizado nas mãos de um desconhecido

Se o magnetizador quiser que o sonâmbulo seja realmente útil aos doentes, às pesquisas e às viagens – pois pode-se encontrar tudo isso sem o recurso da leitura do pensamento –, pelo desenvolvimento das suas próprias faculdades, estas devem ser estudadas com discernimento, paciência e uma grande dose de boa vontade. Não se deve cansá-lo com coisas inúteis, e sim, aproveitar o tempo com sua formação antes de liberá-lo à perturbação causada pela curiosidade de conhecimentos ou pelo público, especialmente se ele for sensível. Isso aconteceu com uma sonâmbula, já bem avançada. Um senhor, que me pediu para assistir às minhas pequenas sessões, impunha, sem que eu percebesse, uma vontade oposta a tudo o que eu desejava obter. Por exemplo, se eu quisesse que ela se sentasse numa determinada cadeira, escolhida pela minha vontade, a sonâmbula queria outra cadeira; minha vontade prevalecia, mas só depois de ela ter andado tropeçando como uma bêbada. Ele me pediu para se colocar em relação com ela, eu consenti e dirigi-me a outros sonâmbulos. Um instante após, vejo minha sonâmbula completamente trêmula, dizendo:

– Eu não sei o que houve, mas esse senhor me faz mal

Eu pedi que ele se retirasse. E eu fui punido por minha negligência, pois, no dia seguinte, ela ainda estava sonâmbula e ficou cinco meses sem recuperar sua lucidez; depois eu soube que esse senhor era médico.

Se você precisa ou deseja ter uma sonâmbula para fazer experiências, habitue-a a ler pensamentos, desde que ela só faça isso. Ela vai obedecer naturalmente a tudo o que o magnetizador quiser que ela faça; em relação com uma pessoa, ela poderá falar do caráter desta pessoa, de seus hábitos, sua idade, do que ela pretende fazer no futuro. Ela dirá o nome da pessoa sem conhecê-la, dirá se tem filhos, o sexo e a idade dos filhos, dirá se a pessoa perdeu um objeto ou documentos, poderá falar línguas estrangeiras, repetindo palavra por palavra do que você disser, e reproduzirá até os gestos que você fizer. Em geral, esses indivíduos são muito interessantes.

Eles poderiam ser muito úteis; eu diria até que eles poderiam servir para moralizar o mundo. Vejam como eu os percebo: se prenderem uma pessoa como suspeita de roubo, falsária ou criminosa, logo surgirão algumas informações que servirão de provas iniciais. Se o ladrão ou criminoso for colocado em relação com o sonâmbulo que lê pensamentos, como se fosse o próprio ladrão ou criminoso, ele poderia dizer o que ocorreu com os objetos roubados, como ele agiu para roubar e se ele tem cúmplices que o ajudaram. Se ele se aprofundar retrospectivamente no pensamento, saberá se é a primeira vez que isso ocorre e quais seriam os erros e crimes do passado, com detalhes, tais como se houve um assassinato ou tentativa de assassinato, como isso tudo começou, a arma usada, o local em que a escondeu, enterrou ou descartou. A partir daí, vocês poderão se informar e verificar se tais provas existem.

Longe de mim a ideia de encontrar suficiente fundamento na acusação de uma sonâmbula, pois a lucidez não está constantemente garantida. Uma indisposição, ainda que aparentemente leve, uma pequena contrariedade, um erro na direção dada ao caso pode perturbá-la, mas, oitenta por cento dos casos serão bem-sucedidos; vinte por cento, não. Além de demonstrar a inocência de um pretenso culpado, você pode se colocar na pista da verdade e, desta maneira, suas buscas serão bem mais rápidas. Devem-se usar as informações dos sonâmbulos apenas a título de informação, e é com esta intenção que se devem formar os sonâmbulos que leem pensamentos. Você vai encontrar indivíduos predispostos especialmente a essa utilização: "O que vou fazer hoje? Aonde devo ir amanhã?" Para habituá-los, feche sua mão com um objeto dentro e pergunte-lhe o que é e se eles veem seu pensamento. Tenha a vontade de mudar o sonâmbulo de lugar e diga a ele para procurar alguma coisa, não importa o quê, e que ele a leve a outro local e o entregue a uma pessoa. Sempre comece por coisas simples e continue pelas complicadas: "Você contou o dinheiro que tenho no bolso?". Tenha em mente sempre esse valor. Mude de lugar os ponteiros de seu próprio relógio de bolso e pergunte em seguida que horas são. Pode-se fazer inúmeras variações; pode-se ainda esconder um objeto e perguntar qual o objeto escondido, onde ele está e se a pessoa o vê. Use esses procedimentos, sempre os refazendo, mas sem cansar o indivíduo que vai pegar o hábito de ler seu espírito como se fosse um livro.

De cada cem sonâmbulos tomados ao acaso, apenas dez são realmente bons, e o erro está quase sempre – para não dizer sempre – nos magnetizadores. Uma grande parte dos magnetizadores pode ser chamada de "dormidores", o que é lamentável, pois de cada cem sonâmbulos poderíamos encontrar 50 ou 60 dotados de grande lucidez, classificáveis de antemão, por categorias. Não conseguimos citar, entre os fatos que demonstram a gradação progressiva do sonambulismo, nenhum mais interessante que a seguinte narrativa, extraída de um livro do dr. Despine, médico das águas de Aix en Savoie[31]. Trata-se de uma jovem que sofria de uma paralisia geral, em quem os fenômenos sonambúlicos se produziram sob a forma de acidentes de estado mórbido.

Alguns incidentes da cura da senhorita Estelle P.

Seria demorado descrever tudo o que aconteceu de impressionante com nossa interessante doente desde que o magnetismo foi usado no seu tratamento. Todos os dias víamos novas maravilhas, umas relacionadas às outras como elos de uma longa cadeia. Entretanto, é indispensável conhecermos as origens dessa cadeia para termos uma ideia clara do percurso da natureza na gradação dos fenômenos do êxtase, da catalepsia e do sonambulismo. Assim, eu os agrupei por épocas para melhor apreendermos o conjunto e os detalhes.

Encontrei em Estelle, como nos demais, uma independência total do pensamento e a mais rígida vontade, sentimento inspirado, sem dúvida, aos sonâmbulos, pela rapidez de seu julgamento. Tal rapidez é o resultado natural de um desenvolvimento extraordinário de sua inteligência, num estado que os faz abraçar, de uma só vez, o passado, o presente e o futuro sobre tudo o que lhes diz respeito. Daí serem tão irascíveis quando contrariados. Eles não conse-

[31] N.T. Cidade francesa que ficou conhecida pela nobreza devido às suas águas, tidas como terapêuticas.

guem conceber que as pessoas que os cercam não vejam como eles as coisas que eles vêem tão bem e com tanta nitidez. Por isso, se essa vontade inflexível for contrariada, pode lhes gerar um grande mal, assim como o espírito de ousadia que se manifesta neste estado singular e que faz com que a doente busque uma falha em todos os que desejem lhe importunar ou também lhe apontar uma falha.

Os fenômenos que se apresentaram sucessivamente são: sensação real de um fluido que sai dos meus dedos e atua na doente de forma bastante evidente; visões fantásticas; exaltação da sensibilidade dos cinco sentidos; apetite pela neve: ela se banha e se deleita numa espécie de banho glacial durante o sonambulismo, enquanto durante a vigília só consegue viver em meio a panos e mantas. Certas pessoas, mesmo as que ela mais gosta, como sua mãe, lhe causam repulsa quando ela está em crise. Cada indivíduo que a cerca exerce simpatia ou antipatia[32] sobre ela, mas em graus distintos.

Observa-se desenvolvimento notável da inteligência, da memória, da imaginação e de todas as faculdades físicas e morais, durante o acesso ou crise e retorno ao estado normal após o acesso. Estelle indica diariamente o que é necessário para sua saúde. O mínimo atraso após suas prescrições sonambúlicas faz com que suas crises sejam mais fortes, com piora das contrações e da sua irascibilidade.

Ela receita que não a tirem de seu estado de contemplação ou de síncope, porque, segundo ela própria, é esse o momento em que está exercitando sua cura.

Uma chave de relógio[33], seja de ferro ou cobre, lhe faz menos mal que uma de dois metais diferentes reunidos por justaposição ou por soldadura; ela experimenta uma sensação diferente quando toca no vidro, na argila branca ou na porcelana. O vidro provoca queimadura, a argila branca lhe parece fria e a porcelana, quente.

No dia 12 de fevereiro, ela começou a ouvir através do punho, mesmo quando se falava em tom muito baixo e neste dia ela começou a tomar duchas escocesas[34], a ir e vir a pé pela primeira vez, por acreditar que sua liteira iria lhe causar algum mal.

[32] N.T. Simpatia e antipatia não tinham a mesma conotação dos dias de hoje. Longe de serem sentimentos de agrado ou desagrado, trata-se de um tipo de influência específica que uma pessoa exerce sobre outra.

[33] N.T. Trata-se de um instrumento delicado em forma de chave que os relojoeiros usavam para abrir os relógios de bolso quando era necessário algum reparo.

[34] N.T. Tipo de banho com ducha com grande pressão, para fins terapêuticos.

No dia 24 de fevereiro surgiram na doente, pela primeira vez, fenômenos de irritação; as crises ficaram totalmente aparentes e especialmente divididas em quatro estados diferentes e bem caracterizados: crise ativa, sonambulismo morto ou síncope, catalepsia ou estado cataléptico e irritação. Seguem-se as subdivisões dos fenômenos de eco, de atração e de repulsão.

Mas o que parece único é o fato de que os alimentos, consumidos em abundância nas crises, não pareciam saciá-la, minimamente, durante a vigília, e vice-versa.

O resultado foi a cura completa.

Os sonâmbulos são formados sob a influência do primeiro magnetizador, especialmente quando eles mantêm essa influência por muito tempo. Uma sonâmbula tinha, desde o início de sua formação, se devotado ao alívio dos doentes. Uma de suas amigas também queria se tornar sonâmbula, mas o indivíduo que a magnetizava era totalmente entregue à especulação financeira e esta sonâmbula só lhe servia de guia para dirigi-lo nos caminhos espinhosos da alta e da baixa da Bolsa de Valores. Logo que os primeiros sintomas de lucidez se manifestaram na sonâmbula, o magnetizador perguntava:

– Você consegue ver a Bolsa?

– Sim, mas com pouca nitidez; a luz vai chegar.

Alguns dias depois, chegou a luz.

– Os rendimentos vão subir, a Grande Central[35] vai cair, os comentários não são bons.

Quando verificaram, viram que ela estava falando sobre o ouro.

– Nossa fortuna é feita a dois –, disse o magnetizador. Jogavam com a audácia de um crupiê que encontrou uma "martingale[36]": ele ganha uma, duas e até três vezes e, depois, começa a perder, como um devedor. Então a sonâmbula, que passou a ser inútil, foi abandonada, pois ela não servia a mais nada, de tão desgastada que estava, desde o início, pelo magnetizador que a formou. Ela passou a se identificar com ele a ponto de compartilhar suas ilusões e não ver de forma mais clara que ele; entretanto, os dois eram pessoas de boa fé. O acaso, algumas vezes, acompanha o sonambulismo que é dirigido desta forma, mas não pode fornecer qualquer garantia. Além disso, devemos reconhecer que o Criador não permitiria que se fizesse mau

[35] N.T. Central da Bolsa de Valores, em Paris.

[36] N.T. Técnica usada em jogos de azar que aumenta as chances de ganho dos jogadores, sem trapaça. Também conhecida como sistema de Gamarra.

uso de faculdade tão preciosa.

Uma jovem sonâmbula, que se formou no ambiente de uma farmácia inglesa, acabou adquirindo uma certa dose de lucidez médica; ela estabelecia o diagnóstico com rara precisão, mas todos os seus remédios eram daquela farmácia e, em particular, do laboratório da própria farmácia. Ela se transportava mentalmente para lá quando suas prescrições começavam e só saía quando as terminava.

Para um médico, o melhor indivíduo a ser treinado seria aquele que, pela segunda visão, pudesse perceber bem o sistema interior do corpo e soubesse, portanto, diagnosticar um estado mórbido. Alexis era o nome desse indivíduo. Mas seria inútil e até perigoso que ele tivesse pretensões terapêuticas; nesse caso, haveria uma chance de 3 em 4 para que ele fosse uma segunda edição de seu magnetizador.

Eu conheci um médico que, para evitar este inconveniente, se retirava no momento em que sua sonâmbula chegava ao capítulo das prescrições.

Nossa prática nos fornece, ainda, por necessidade, mais de uma observação relativa à formação dos sonâmbulos. Mas elas seriam apenas uma série ininterrupta de demonstrações experimentais com o apoio de alguns aforismas.

A natureza do magnetizador é de importância capital para os resultados da educação do sonâmbulo. Talvez o organismo do indivíduo ou do agente que determina as condições de sonambulismo seja menos importante que a relação que existe entre os dois.

Nas perguntas feitas aos sonâmbulos em vias de formação, é importante seguirmos a gradação que a natureza dispõe para o desenvolvimento de sua lucidez.

Nunca se deve perder de vista que temos nas mãos o mais delicado dos instrumentos: a máxima prudência é uma precaução necessária do ponto de vista da humanidade e do interesse científico.

Décima lição

Algumas observações sobre o mesmerismo

Neste curso, obra sem pretensão literária ou mesmo científica, modesta coleta das observações de um velho prático, raramente eu sigo um método. Eu desejo mais formar alunos no magnetismo filantrópico do que escritores de teoria filosófica. Depois de terminar uma primeira série de lições, continuarei, numa segunda – fruto de estudos posteriores – a apresentar fatos também verdadeiros, mas que, numa classificação normal, poderiam ser entendidos como se fossem anteriores. Em geral, esses fatos se originam de minha própria prática que, em grande parte do tempo, só se deteve no dever de fazer o bem, quando fosse o momento certo: eu estou sempre mais dedicado a curar do que a criar uma ciência. Vou começar.

Um magnetizador muito sensível à ação mesmeriana fez as seguintes observações que recomendo que sejam experimentadas.

Quando passar seus dedos sobre um doente e você sentir frio nas extremidades, tal sintoma simpático denota que o paciente sofre de uma obstrução, uma congestão, uma estagnação dos fluidos essenciais. Por outro lado, o calor indica uma inflamação ou uma tensão das fibras.

Se o magnetizador sentir formigamentos ao tocar a cabeça ou os braços do paciente, isso significa a presença da bile no paciente, ou seja, uma certa acidez do sangue.

A dormência da mão do magnetizador indica uma má circulação no doente e uma sensação de flutuação indica um movimento do sangue ou a proximidade de uma evacuação.

O relaxamento dos nervos doentes determina um tipo de fraqueza na mão ou no punho daquele que magnetiza e a presença de vermes determina uma espécie de pinçamento nos dedos do magnetizador.

Magnetize com a mão direita, segurando o pulso do doente com a mão esquerda. Quando, ao passar a mão por cima de um dos órgãos do doente, você sentir seu pulso mais rápido, terá encontrado o local da afecção.

A presença de muco no estômago do doente produz, no magnetizador, a sensação de uma lâmina que lhe corta o dedo.

Eu garantiria ainda mais os seguintes resultados:

Uma das minhas mais firmes convicções para explicar a razão de muitas crianças morrerem e outras serem adoentadas durante toda a vida está no fato de elas não terem recebido a ação magnética desde o seu nascimento até o período em que sua formação tem início. Nada é tão próprio a desenvolvê-los e a fazê-los crescer perfeitos e fortes como a comunicação que se estabelece entre a natureza já completa e a natureza em ação. Certamente a nova geração não pareceria tão enfraquecida como parece se a prática desta medicina providencial fosse mais divulgada. Nos hospitais destinados às crianças, as freiras, inspiradas e guiadas por Deus, prestariam ótimos serviços se utilizassem, com o fim de magnetizar, esta caridade ardente, que as faz suportar seu rigoroso sacrifício. Um brilho salutar seria derramado sobre a prole de uma raça desmoralizada e frágil, como o das almas puras sobre corpos fortalecidos pela sobriedade e pela temperança!

Eu poderia citar diversas provas de apoio a esta doutrina. Foram muitas as crianças que sofriam de convulsões e outras doenças abandonadas que eu vi retornar, após algumas magnetizações, cheias de vida e saúde, nos braços de suas mães e seus pais que choravam em agradecimento! O número de 10 de fevereiro de 1855 da revista *União Magnética* relata, com mínimos detalhes, a cura de uma criança com hidrocefalia pelo mesmerismo, auxiliado pela lucidez sonambúlica.

Essa criança nasceu forte, cheia de vida e em excelente saúde física. Surgiram abscessos nos seios de sua mãe, que nunca amamentou, e, assim, foi indispensável que a criança fosse levada, ao fim do seu primeiro mês de vida, para uma ama de leite. Isso aconteceu nos arredores da cidade de Meaux. Um mês depois, soube-se que a cabeça da criança crescia desmesuradamente: a cada semana era necessário trocar sua touca por uma maior. O padre local afirmava que se tratava de água na cabeça. Quinze dias mais tarde, ele teve convulsões que puseram sua vida em risco. A mãe ficou assustada em ver crescer dessa maneira a cabeça de seu filho, cujo olhar tornou-se vago e perdido. Houve alguns dias de calma que a tranquilizaram. Eu a acompanhei numa das viagens para ver seu filho. Era indescritível o efeito que o aspecto daquela cabeça desproporcional produzia sobre nós, pois seria o tamanho normal para uma criança de, no mínimo, dois anos. Nos olhos, só se via o que era branco, pois as pupilas estavam dirigidas para a pálpebra inferior. Imediatamente levamos a criança para Paris e chamamos o dr. F., médico de capacidade especial e reconhecido por todos. A criança tinha hidrocefalia. O que fazer contra essa doença? Há um tratamento possível, mas um sofrimento muito forte para esta idade era o esperado. O dr. F. nos encaminhou ao dr. T, professor da Faculdade, orientando-nos a seguir de forma correta todas as recomendações do ilustre médico. Apresento a cópia textual:

> Sei pouca coisa contra esta doença cruel. Proponho o que se segue ao meu honorável amigo, dr. F.:
> A cada dois dias, até segundo aviso, passar tintura de iodo na cabeça misturada com a mesma quantidade de álcool.
> A cabeça deve ser medida com exatidão a cada oito dias e, se seu volume continuar a aumentar após seis semanas de tratamento, deve ser envolvida em tiras de emplastro de vegetais que serão refeitas duas vezes por semanas. Essas tiras serão colocadas de modo a fazer uma compressão lateral e, assim, desenvolver toda a cabeça como um "chapéu-coco".
>
> Paris, 29 de janeiro de 1856
> A, T.

O sábio médico deu orientações à ama de leite; o estado da criança provinha de uma de três possíveis causas: ou deixaram que ela chorasse por muito tempo, ou lhe deram muita coisa para comer ou o leite não era bom. A mãe lhe perguntou o que poderia esperar. De cada cem crianças, raramente uma se salva, disse o médico. Essa criança tinha apenas três meses e dez dias.

Então, recorremos ao magnetismo, que produzia, com frequência, curas inesperadas. Como eu era padrinho da criança, escolhi para madrinha a sra. Fleurquin[37], cuja lu-

[37] Desde a época em que escrevi este artigo, tivemos a dor de perder a sra. Fleurquin; a ciência e a amizade não poderiam ter perda mais triste que essa.

cidez sonambúlica foi de grande auxílio a tantos doentes abandonados e cujo devotamento simpático era garantido para qualquer sofrimento. A criança foi magnetizada duas vezes por dia: de manhã e à noite. Sob a influência deste tratamento, sua cabeça parou de crescer, a inflamação desapareceu. As serosidades cefálicas estavam envolvidas pelas torrentes da circulação sistêmica. A sra. Fleurquin, no estado de sonambulismo, produzia este trabalho benéfico e o acelerava por sua ação magnética. O corpo teve um desenvolvimento fantástico e bastaram quatro meses deste tratamento e a criança foi salva.

Mesmo assim, continuaram a mesmerizar a criança uma vez por dia, durante um mês e, depois, duas vezes por semana. Aos dez meses de idade, a criança pesava 12,5 kg. Hoje tem 14 meses e todas as mães param diante dele nas Tulherias, com um pouquinho de inveja e admiração. Ele gosta que o levem para passear nas Tulherias todos os dias, assim como gosta da minha banheira, onde os clientes o veem esperto e alegre, da manhã à noite. Tudo nele denota vitalidade, inteligência e boas tendências. Que eu possa viver bastante para assistir à realização das promessas que a natureza fez a esta criança, salva de uma morte prematura, contra todas as previsões.

Mil vezes agradeço à minha boa comadre, sra. Fleurquin, cuja lucidez e devotamento tanto contribuíram para que a criança fosse devolvida à sua mãe. Adormecida ou acordada, ela soube ser útil e disponível.

Todos os membros da Sociedade Filantrópico-Magnética, entre os quais se encontram três médicos reconhecidos, podem atestar este milagre do magnetismo. Eles viram a criança doente, constataram seu estado naquele período e o consideram saudável; sempre que nos reunimos na minha casa – semanalmente – eles o chamam.

Não sabemos qual o papel desempenhado pela influência mental no magnetismo. Entretanto, eu não acredito, assim como alguns magnetizadores, que certos tipos de ação sejam uma explicação suficiente. Os passes, se dirigidos por uma vontade adequada, são necessários em diversos casos, mas nunca devem ser feitos de propósito, pois seriam prejudiciais. A circulação, de forma especial, pode encontrar aí um poderoso auxiliar. Eu não chamo de circulação apenas o movimento arterial e venoso, pois estendo esta palavra a todos os fluidos da vida; para mim, até a digestão é um tipo de circulação que, quando lenta, pode acelerar o magnetismo e quando está difícil, pode facilitá-lo. Talvez, nas doenças mentais, a vontade desempenhe um papel mais importante, mas é necessário que o magnetizador tenha a confiança de seu doente; caso contrário, sua ação terá o efeito oposto, semelhante ao efeito colateral de um medicamento.

Um magnetizador que eu conheço curou um homem cuja mão havia sofrido grave lesão e o dedo polegar, esmagado, resultando em grandes dores na região do braço. Pensaram até em amputar a mão, mas o doente preferiu sofrer por seis meses a se submeter a essa cirurgia. O magnetizador o encontrou, ofereceu-lhe um tratamento, acolheu-o, prometendo um bom resultado. Procedeu-se a uma primeira magnetização, mas o doente, obrigado a viajar a negócios (ele era caixeiro-viajante), não podia seguir um tratamento magnético nas condições normais. O magnetizador lhe disse:

> Vá, e em qualquer lugar estaremos juntos, por quinze minutos, durante quinze dias. Eu vou lhe magnetizar às nove horas da manhã e às nove da noite. Então você deverá estar, a essas horas, em algum lugar isolado, e pensar que eu atuarei sobre você, a distância.

Um mês depois, o doente estava perfeitamente restabelecido: a mente, apoiada pela confiança no magnetizador, havia agido sobre o corpo e, com a ajuda da natureza, a cura se tornou completa.

Mas exemplos como esse são raros. Alguns supostos espíritos fortes não estariam suscetíveis aos efeitos singulares de um poder cuja extensão, forma e leis gerais ainda são ignoradas.

O mesmerismo tem sido aplicado frequentemente e com sucesso no tratamento de fraturas, que são sempre eventos complexos para a terapêutica médico-cirúrgica.

A sra. X. florista, residente à rua Petit-Lyon-Saint-Sauveur, após um atentado que condenou seu autor, sofreu por dois anos de uma fratura na região inferior da perna. Ela não saía durante esse período, pois fora obrigada a deixar a perna engessada para servir de prova na peça do processo criminal. Se esse gesso ainda existisse, poderia servir de prova em outro processo, o da medicina e do magnetismo. O pé estava inchado e torto; as articulações haviam parado de funcionar e a perna tinha que estar constantemente apoiada numa cadeira.

Para distrair a pobre doente, tiveram a ideia de levá-la ao teatro. E foi no teatro que o sr. e a sra. Guillot – que são meus amigos e parentes – a encontraram. Ao ver que ela estava mal acomodada na poltrona, como se o assento tivesse pregos, e que ela apresentava uma fisionomia de sofrimento intenso, o sr. Guillot lhe perguntou a razão de sua dor. Ela lhe forneceu alguns detalhes sobre o acidente que a deixou assim e sobre o que resultou desse evento. Ele prometeu a ela que, no dia seguinte, a levaria a um amigo que iria curá-la. E, de fato, ele veio me contar essa história. Eu temi pelo compromisso temerário que o sr. Guillot assumiu em meu nome: garantir a cura de um mal que havia sido abandonado por sumidades médicas! Poderiam me tomar por um impostor e charlatão. Entretanto, eu cedi, após refletir que meus cuidados não poderiam ser postos sob suspeita, pois eram gratuitos, como sempre foram, pois há mais de vinte e cinco anos que pratico o magnetismo.

Nós nos encontramos na casa da doente, que nos recebeu bem, mas que parecia, inicialmente, incrédula sobre os resultados do tratamento proposto. Ela dizia:

– Ninguém vai me curar, eu não posso ser curada.

Entretanto, ela acabou consentindo uma tentativa. Eu coloquei a perna sobre um banquinho e, com um dos meus joelhos no chão, peguei as duas mãos da doente, concentrando nessa ação todas as forças da minha vontade e do meu desejo pelo bem. Ao fim de cinco minutos deste procedimento, a doente soltou um grito de dor tamanho, que todos os seus empregados ficaram assustados. Ela disse que havia sentido a mesma dor do dia do acidente. Nas minhas mãos ocorria um trabalho extraordinário sobre os músculos da perna, que eu sentia mexer. Quando eu deixei a perna, esta crise local foi se acalmando e recomeçou quando a peguei novamente. Confiante nas promessas do primeiro resultado, eu disse que estava certo de que a curaria. Eu me lembrei do princípio fecundo da teoria mesmeriana, tão profundamente embasado no conhecimento da natureza: "Não há cura sem crise."

Então, notei alguma mudança na expressão desta pessoa, que sempre estava entristecida! Que modificação no linguajar da pobre mulher! Tinha lágrimas nos olhos, mas desta vez, eram lágrimas de alegria; com prece na boca e esperança no coração, ela me agradeceu e eu prometi a ela que voltaria em breve.

Eu não podia deixar minha casa todos os dias, pois eu mesmo tinha em casa uma doente que me era muito querida, minha pobre esposa, então já cega e paralisada. Por isso, precisei ser substituído e me comprometi a ter um sucessor melhor que eu. O sr. Winnen, meu honorável colega e amigo, que há trinta anos se dedicava ao alívio daqueles que sofrem, teve a felicidade de concluir esta bela cura no período de alguns meses. Muito radiante, um dia a doente veio a pé, sem mancar, agradecer pelos cuidados dispensados.

Os magnetizadores não devem se impressionar pelas dores que o mesmerismo produz, principalmente quando surge algum indício de cura de uma doença crônica. Eles não devem renunciar a um tratamento cujo sucesso foi anunciado por esta crise momentânea.

O mesmerismo não atua somente no sistema físico. É muito curioso constatar os efeitos que sua intervenção produz no mundo mental. Nesta ordem de ideias há um futuro imenso de diversos tipos de consequências. Apresento um relato do sr. Fay, pai de uma de nossas artistas dramáticas mais benquistas, a sra. Leontine Volnys. Este magnetizador tinha, em meio a um entusiasmo um pouco exaltado, intenções muito corretas e leais, que dão um grande poder à ação mesmeriana. Ele me dizia: "Tenho um amigo, quase um irmão, bom e amoroso, mas a exteriorização de seu caráter é singular, com formas que lhe dão a aparência de severidade. Ele nunca está feliz com nada. Mulheres, crianças, domésticas só o desagradam, nada está no seu lugar; o jantar é ruim etc.".

Em resumo, as pessoas adoram quando ele não está por perto, pois assim não se sentem incomodadas. Sua esposa, um dia, me pediu para torná-lo mais amável, pois eu tinha ascendência sobre o marido dela, que tanto acreditava no magnetismo. Respondi que iria pensar no assunto. Pouco tempo depois, uma grande modificação ocorreu na natureza daquele homem zangado: sua delicadeza surpreendia a todos, que se sentiam bem mais à vontade.

Cada vez que ele vinha à minha casa, eu pegava o seu chapéu sem que ele se desse conta. E, durante uma magnetização mantida por uma enérgica vontade, eu buscava transformar seu estado habitual de humor. Mas a cura estava incompleta e foi estranho que este doente tivesse tomado aversão por seu médico, sem saber por quê. De forma que o chapéu encantado tornou-se inútil, pois o encantador não pôde mais continuar seu procedimento e nosso paciente voltou a ser tão insuportável como antes.

Quanta melhora seria produzida na nossa sociedade se todos os chapeleiros se ligassem a um magnetizador! E eu não estou falando de vendedores de peças de vestimentas da moda. Apesar de ser única, por sua forma, a medicina mental aplicada à conservação da tranquilidade doméstica – se forem observados de perto certos fatos – poderá evidenciar a força do magnetismo. Ou seja, esta força na ação individual, consciente ou não, pode ser observada nas próprias relações sociais.

Muitas pessoas sérias tentam aplicar o mesmerismo na organização doméstica, na educação das crianças, na abordagem dos homens; estamos convencidos por nossa experiência pessoal dos imensos recursos que esse sistema de terapêutica, tão providencial, possui.

O vício, a paixão, a tristeza são estados mórbidos; a organização mental tem muitas analogias com o corpo. Certos procedimentos materiais são empregados com sucesso no tratamento das doenças mentais. Então, por que o mesmerismo, tão poderoso contra as afecções do corpo consideradas incuráveis, não compartilharia dos felizes resultados produzidos pelas duchas frias, pelas sangrias, pelos lava-pés, no tratamento das afecções internas? Além disso, sabemos a que ponto está limitada a energia dessas forças ativas da alma, conhecidas por caridade, desejo e vontade. O mesmerismo tem uma dupla natureza, pois é, ao mesmo tempo, uma série de meios físicos e um desdobramento de influências mentais.

Os alunos magnetizadores que sentirem uma aptidão para esse gênero de atividade devem se lembrar da aventura do chapéu do sr. Fay; devem meditar e experimentar o poder anímico, com ou sem condutores. Talvez eles façam algum avanço no magnetismo, numa via em direção ao bem dos progressos sociais.

Nós sempre pensamos que havia um fenômeno magnético escondido numa grande quantidade de fatos relacionados à ação mental: conversões e entusiasmos devem-se, na nossa opinião, a uma espécie de irradiação do gênio e da virtude. Entre os taumaturgos que influenciaram salutarmente a humanidade, temos certeza de que há mais de um magnetizador: não há nada de novo sob o sol.

Décima primeira lição
Algumas observações sobre o sonambulismo

Na primeira parte deste curso, nós indicamos as precauções necessárias às pessoas que desejam formar sonâmbulos nas diferentes aptidões da lucidez magnética. Vamos acrescentar a esses princípios fundamentais alguns outros ensinamentos, a fim de complementá-los.

Algumas vezes, o indivíduo tem dificuldades em sair do sono profundo que caracteriza o sonambulismo completo para passar ao estado normal de vigília. Assim, deve-se colocá-lo numa corrente de ar e, por passes longitudinais dos joelhos aos pés, empurrar o fluido para as extremidades, a fim de liberar os centros nervosos. Alguns magnetizadores aconselham ainda, neste caso, colocar na raiz do nariz e no epigástrio do indivíduo um pedaço de carvão de madeira branca; esta madeira é conhecida por sua leveza.

A dificuldade para acordar, em alguns casos, é a causa de uma grande apreensão do sonambulismo em várias pessoas, especialmente entre as mulheres.

Por fim, entre as pessoas que, de boa vontade ou devido a uma insistência externa, se entregam à ação magnética, a maioria – ao menos dois terços – não chega ao sono. Na terça parte restante, a maioria fecha as pálpebras sem perder a consciência; a exceção só alcança o sonambulismo, com frequência, após vários esforços e paciência da sua parte e da parte do magnetizador.

Existe pelo mundo um desagradável preconceito, o de que um sonâmbulo está submetido à ação externa a ponto de ter sua individualidade absorvida por outra pessoa. É verdade que o poder magnético é grande, mas, apesar disso, minha experiência me permite afirmar que, em geral, o sonâmbulo só diz o que quer; sua inteligência e seu caráter se elevam e, como suas paixões ou seus preconceitos não dormem, quando ele obedece, ele o faz conscientemente. Mas ele resiste à pressão de uma má influência e eu vi alguns sonâmbulos que, com uma força multiplicada devido a este estado superior do sistema humano, batiam em seu magnetizador ou no imprudente que desejasse se aproveitar de seu sonambulismo para ludibriar de alguma maneira.

Um inglês que vinha consultar uma sonâmbula, depois de ter remunerado bem sua lucidez, quis saber em quem confiar sobre a suposta indiferença desses seres excepcionais, no que diz respeito ao que se passa em seu entorno. Sob o pretexto de acender a lareira, ele se abaixou subitamente, esperando aproveitar deste movimento para surpreender a sonâmbula e se permitir a uma privacidade que ele não havia tentado de forma tão brusca no seu estado normal. Ele pagou com um fole[38] esta experiência intempestiva; o magnetizador, que virou-se, por causa do barulho do objeto, logo chegou para contemplar este quadro de cólera e inconveniência, assim como para receber as desculpas do estrangeiro curioso e ouvi-lo jurar, um pouco depois, que ele não faria mais isso. Ele acreditava que tudo era permitido com os sonâmbulos, mas se enganou.

A sonâmbula, um pouco frenóloga[39], havia observado com antecipação – foi o que ela me disse – que faltava ao inglês o órgão da circunspecção.

Alguns indivíduos dormem com os olhos abertos; neste estado, a pupila fica insensível aos raios luminosos, a visão, paralisada. É fácil reconhecer a farsa de algum desses sonâmbulos excepcionais, pois a pupila se contrairia caso houvesse uma tocha acesa por perto.

Existe alguma analogia entre o sonambulismo natural e o produzido pelo magnetismo. Entretanto, já aconteceu, com frequência, de o magnetismo curar o primeiro produzindo o segundo. Neste caso, algumas vezes, o segundo foi duradouro. A diferença característica que os separa é que o primeiro não conhece nenhuma direção além da sua própria iniciativa; o segundo fica submetido ao impulso do magnetizador. Alguns passes de atração, acompanhados de uma vontade benéfica, podem colocar um estranho em relação com um sonâmbulo natural.

[38] N.T. Objeto que, sob pressão, é usado para não deixar apagar o fogo de uma lareira

[39] N.T. De forma abreviada, no século XIX, a Frenologia era a disciplina que estudava mentes, comportamentos e sua associação com traços físicos. Uma frenóloga seria uma pessoa intuitiva ou que possuía uma sensibilidade especial para perceber o que está à sua volta.

Cada sonâmbulo, aluno do magnetismo, nasce com uma especialidade que deve ser reconhecida e desenvolvida. Vários indivíduos possuem uma lucidez egoísta, que só se exerce em seu próprio interior ou no de seus amigos. Dessa forma, deve-se recomendar, às pessoas que procuram um sonâmbulo, uma disposição afetuosa e confiante; o resultado é o preço desta condição. A morosidade e a desconfiança do curioso ou do doente produzem desgosto ou cansaço no sonâmbulo e, muitas vezes, cólera, que pode levar a uma crise inconveniente.

Evite a precipitação na maneira de se dirigir ao sonâmbulo; não deixe que ele leve simultaneamente sua vista a dois pontos equidistantes. Ele poderá baixar a cabeça até os pés, principalmente se ele não conseguir ver adequadamente nem ter a visão simpática. Esta espécie de sonâmbulos é preferível para o tratamento das doenças nervosas e mentais; os outros podem ter um acesso que os leve à impossibilidade de responder. Estes nunca devem ser abandonados de seu magnetizador. Eles devem ser liberados, quando vemos que estão sofrendo demais e também deve-se evitar uma relação muito completa. Se forem abordados imediatamente com perguntas, ele poderá deixar em você alguma afecção duradoura devido à comunicação simpática muito próxima.

Eu gostaria que os sonâmbulos videntes fossem levados a estudar anatomia. Eles poderiam fornecer aos médicos os mais úteis conselhos sobre a verdadeira constituição do homem; eles seriam de grande auxílio para estabelecer solidamente o diagnóstico patológico. A ciência acordada só conhece o cadáver.

O sonâmbulo sensitivo é preferível para a prática homeopática. Coloca-se nas suas mãos uma caixa de medicamentos compostos segundo os princípios de Hahnemann e ele a percorre com as pontas dos dedos, distingue o remédio aplicável ao caso em questão e indica a dose, levando sempre em conta o temperamento do doente. Parece que Hahnemann, inventor desse procedimento especial, forneceu a um de seus empregados domésticos os ensinamentos sobre os quais ele fundou seu sistema homeopático.

Minha prática pessoal me permite confirmar esta opinião; eu fiz, nesta série de ideias, algumas experiências bem sucedidas diante de um médico que ficou maravilhado. Certamente os médicos conscientes se renovam e se abrem diante dessa via de enorme extensão.

Se minha fortuna tivesse estado sempre no nível dos desejos que eu concebi para o progresso da ciência e para o bem da humanidade, eu teria instituído um hospital no qual os doentes, classificados por categorias, teriam sido tratados pelos sonâmbulos correspondentes a cada uma dessas categorias. Todas as especialidades teriam sido úteis e a lucidez teria servido de chama para a escolha dos tratamentos aplicáveis a cada caso: mesmerismo, homeopatia e até alopatia encontrariam seu emprego nesta clínica enciclopédica.

Pode-se até ir à missa,
é isso que a liberdade quer.

Eu tive um sonâmbulo que levava muito tempo para estabelecer seu diagnóstico. Ele se servia de sua visão interior, seguindo sua expressão e depois, seus dedos. Ele colocava uma mão na frente e outra atrás do doente, apoiando sua cabeça nas costas e no peito do paciente; escutava o funcionamento do coração e dos pulmões, do intestino e, depois, ele se recolhia por dez minutos. Sem dúvida, é a este cuidado extremo a todos os que se dirigiram a este sonâmbulo devem sua saúde.

Algumas vezes eu lhe disse:

– Como você, que não seria capaz de ouvir um tiro de pistola, tem tanta sensibilidade a ruídos imperceptíveis?

Um dia ele me respondeu:

– Porque não ouço com os ouvidos. Ao aproximar minha cabeça do doente, eu apenas procuro estabelecer uma relação mais próxima com ele próprio.

Parece que o mar tem uma influência análoga à do fluido magnético, ou, ao menos, que sua proximidade favorece a ação magnética. O capitão de um navio, bastante experiente, me garantiu que uma sonâmbula dormia quando se aproximava do mar e acordava quando dele se afastava.

No seguinte fato, observa-se esse efeito:

Num evento náutico, no Havre, foi enviada ao mar uma sonâmbula adormecida que, no estado de vigília, não ousava se aproximar do mar. Ela pôs-se a nadar de forma tão correta e com tanta flexibilidade quanto um nadador. Era a primeira vez que ela tentava esse exercício.

Seria desejável que todas as experiências fossem refeitas.

Minha sonâmbula C., adormecida, me disse:

– Quando você me vir usar meus dedos para examinar um doente, não me perturbe e não me faça passar bruscamente da cabeça aos pés; deixe-me descer ou subir como eu quero. Quando eu uso minha visão normal para ver o interior do corpo, essa visão, completamente nítida, me mostra todos os órgãos, numa espécie de meia luz. Meus dedos, por outro lado, me mostram apenas um objeto de cada vez e de forma bem clara. Imagine um amador que observa um quadro à noite, à luz de uma vela: um detalhe de cada vez passa diante de seus olhos. É por isso que eu não gosto de ser incomodada: eu clareio cada ponto no qual minha vontade se detém, e vou de um ao outro. Quando eu estou no coração, não me mande olhar os olhos ou as orelhas, pois eu perderia o fruto da minha dedicação e levaria algum tempo para chamar a luz para o ponto que você indica.

Eu perguntei quem produz essa luz e ela respondeu:

– Não sei, ela parece com a luz do fósforo.

Perguntei se tínhamos fósforo no corpo e ela respondeu:

– Certamente.

Frequentemente, C. via entrar num cômodo diferente daquele onde ela estava uma pessoa que ela havia reconhecido pelo nome e com quem ela se relacionava costumeiramente. Ela colocava seu dedo acima de seu próprio ombro e podia, assim, ver através das paredes. Uma vez, do térreo, onde estava, ela descobriu que no terceiro andar havia objetos que eu pensei ter perdido.

A localização da visão pelas extremidades dos dedos tem muitas vantagens. Os sonâmbulos nos quais esta habilidade fica bem evidenciada possuem, nas pontas dos dedos, pequenos pontos brancos lenticulares.

Um de meus amigos me pediu um dia para levar meu sonâmbulo Alexandre a uma certa casa, para convencer as pessoas incrédulas do local. Uma delas, um homem forte que se dizia doente, pediu para ser posto em relação com o sonâmbulo. Alexandre era dotado de tamanha simpatia, que as mínimas impressões sobre seus doentes o sensibilizavam. Ele tomou o pulso, que procurou de todas as formas. Ficamos quinze minutos em silêncio: eu, por achar esse tempo muito prolongado e os incrédulos, por acharem engraçado. Por fim, cansado, o sonâmbulo grita:

– O que você quer de mim? Você está saudável e eu não estou sentindo nada de mal.

O pretenso doente insistia. Alexandre, entretanto, não se desencoraja. Ele usa seus dedos para ver melhor. Enfim, após ter tocado nas próprias orelhas, diz:

– Você é surdo ou tem a audição difícil, mas, eu repito, você não está doente.

E era verdade.

Depois ele se irritou, acusando o outro de má-fé; disse estar cansado de uma investigação demorada e inútil e pediu para ser acordado. Nunca mais ele quis prescrever qualquer remédio. Nada incomoda os melhores indivíduos como a desconfiança e a tomada de lado relacionada à incredulidade das provas.

Eis outra singularidade do sonambulismo: uma de minhas sonâmbulas foi acusada de ter tido, em seu sono magnético, más intenções em relação a uma pessoa. Quando estava acordada, ela não se lembrava do que havia dito durante o sonambulismo. Mas ela se comprometeu a se deixar adormecer por seu magnetizador e a se entregar às perguntas que desejavam lhe fazer. Esta conciliação, porém, não foi aceita. Disseram para ela:

– Eu colocarei nela a vontade de ficar em silêncio.

Assim, foi necessário, apesar de tudo, deixá-la ser adormecida por uma pessoa que não fosse eu. Esta foi a primeira vez. Como sabia que eu ficaria descontente com esta cena, foi mais conveniente que eu a ignorasse. Por fim, a acusada, que foi reconhecida como inocente, recebeu abraços e gratidão, já que fizeram as pazes.

No dia seguinte, eu magnetizei minha sonâmbula, como de costume, e ela seguiu um tratamento regular. De forma extraordinária, se meus joelhos ou meus dedos a tocassem, ela se afastava como se houvesse sido queimada. Entretanto, apesar da minha perplexidade diante deste capricho insólito, ela passou ao sonambulismo. Então, foi outro espetáculo: ela se levantou furiosa, tocando com pés e mãos tudo que estivesse ao seu alcance. Um esforço de vontade, acompanhado de alguns passes transversais e da ordem: "acorde" trouxeram-na ao estado de vigília. Eu relatei para ela tudo o que havia acontecido; a desordem resultante de seu momento de cólera pôde, por si só, convencê-la da sinceridade de minhas palavras.

No outro dia, o resultado foi o mesmo, Entretanto, C. me disse:

– Liberte-me, remova este mau fluido de mim.

Eu comecei a compreender. Eu a liberei, a acalmei e consegui saber toda a explicação do fenômeno. A cólera violenta de C. era o resultado de uma preocupação maldosa da parte da pessoa que a havia magnetizado. Queriam que a sonâmbula deixasse de gostar do magnetismo e do magnetizador. Essa é uma advertência às pessoas que contestam o perigo do magnetismo nas mãos de certas naturezas feitas de ódio e paixões.

Existe uma preconcepção de que as mulheres sempre são mais sensíveis ao magnetismo que os homens. Há exceção a esta regra, se é que há uma regra. A sonâmbula N., durante o sono magnético, adormeceu seu magnetizador, sr. Ricard. Eu fui testemunha dessa singularidade. O sr. Ricard parecia ser tão feliz neste estado, que lamentou que não tivessem o abordado com perguntas e nem registrado suas falas. Ele dizia:

– É como se eu não tivesse dormido, de tão nítidas e precisas que eram as minhas ideias, ainda que sob o efeito do êxtase magnético.

Infelizmente, esta foi a única vez que isso ocorreu e ele não foi mais adormecido.

Um dos fenômenos que provocam nos incrédulos os mais ruidosos risos é a segunda visão sonambúlica aplicada aos objetos afastados com o auxílio de intermediários. Sabemos que mesmo o mais distinto indivíduo se engana, com frequência, ou guarda o silêncio, quando só tem como guia uma mecha de cabelo, uma joia ou algum outro objeto que pertença à pessoa que ele quer indicar. Mas, para nós, esta é uma razão para envolver esse tipo de experiências com todas as formas de precauções, e não, para se duvidar de um fato impressionante, apesar de certo.

Uma senhora de 54 anos estava doente há muito tempo. Os diversos tratamentos que ela havia seguido não modificaram em nada seu estado. Um amigo, cuja esposa havia sido curada por um sonâmbulo, a aconselhou a enviar uma mecha de seu cabelo a um indivíduo deste tipo. Uma camareira decidiu desfazer o penteado de sua patroa e pentear seus cabelos, pois ela não o fazia há muito tempo. Depois, ela cortou alguns fios que foram levados a uma sonâmbula cujo endereço lhe havia sido dado. A moça foi orientada a não dizer nada sobre isso e a anotar as observações do que ocorreria diante dela.

A sonâmbula, adormecida, pegou e revirou os cabelos entre seus dedos, levou os dedos ao epigástrio e à sua testa e depois se expressou da seguinte forma:

– Esta senhora não é idosa, ela tem 36 anos, é loira, sua doença está situada no coração e ela sente palpitações. Ela tem uma outra afecção no sistema nervoso; é histérica.

A camareira não pôde se conter:

– Mas não há uma palavra de tudo isso que seja aplicável à minha patroa; tudo isso é sobre mim; a senhora se enganou de pessoa.

Por fim, a explicação. A camareira, para cortar, unir e embrulhar os cabelos, os impregnou com seu próprio fluido, a ponto de o engano da sonâmbula ter sido bem fácil de se compreender. Ela aproveitou também os conselhos que lhe foram dados, de seguir uma dieta e de ser magnetizada. A histeria, como a maior parte das doenças nervosas, é frequentemente tratada, com sucesso, pelo magnetismo.

Deve-se ter muitas precauções para apresentar cabelos aos sonâmbulos. Os cabelos devem ser cortados, de preferência, na nuca, o mais próximo possível da pele. Devem ser embrulhados com seda, pelo próprio doente, e, se isso não for possível, por uma pessoa que os segure sem que sua pele tenha contato com o cabelo. Além disso, a comunicação direta é sempre mais completa e deve ser preferida em relação à comunicação a distância, principalmente na primeira consulta, pois muitos detalhes podem escapar ao sonâmbulo.

Em relação a esse tema, uma vez eu recebi três cabeços, pelo correio, destinados a servir de intermediário entre um de meus sonâmbulos e um estrangeiro. Eu não ofereci os cabelos para meu sonâmbulo examinar e ele não era um mago melhor que os outros, não tinha descoberto nada, pois possuía ensinamentos muito abaixo do necessário.

Com frequência, esta faculdade de comunicação a distância pode render bons serviços: nem sempre os doentes podem ser transportados e os sonâmbulos, por qualquer que seja a razão, podem não os encontrar. O grau de confiança que as indicações terapêuticas merecem será reconhecido naturalmente, pela exatidão do diagnóstico semiótico realizado pelo sonâmbulo. Mas, repito, os objetos que são levados aos sonâmbulos devem ser escolhidos de forma a não serem perdidos e todos os cuidados devem ser tomados para evitar qualquer confusão relacionada às pessoas, separando-se as emanações fluídicas individuais. Diversas causas contribuem para obscurecer a lucidez.

Alguns casos singulares

Os remédios dos sonâmbulos, algumas vezes, são bastante singulares. Não se deve esquecer nunca que o caráter distintivo de sua faculdade mental é um talento superior para distinguir o que convém a cada caso. Os verdadeiros lúcidos, além disso, não desprezam nenhuma ocasião de apelar para este talento presente.

Um empregado da minha casa estava doente. Meu sonâmbulo lhe prescreveu uma infusão de tabaco em aguardente:

– A dose é calculada de forma a que ele não chegue a fechar os olhos, mas o remédio vai atuar até as extremidades de cada sistema, e amanhã o doente será salvo de uma paralisia iminente.

Ninguém queria se encarregar de executar a receita, mas eu o fiz, pois tinha grande confiança neste indivíduo. Suas previsões se realizaram, mas, por um instante, eu acreditei ter um cadáver nos meus braços.

Uma jovem, grávida de algumas semanas, tinha tamanha indisposição no estômago a ponto de não poder suportar qualquer alimento. Meu sonâmbulo lhe prescreveu tomar um escalda pés com água fria logo depois da refeição; na segunda vez, as funções digestivas haviam recuperado sua regularidade.

Alguns dias depois, adormecido, ele foi abordado por uma pessoa para quem eu contei essa cura singular:

– Pode-se aplicar a mesma receita em todos os casos análogos?

– Preste atenção –, respondeu A.

– Você poderia matar os outros com o remédio que a curou; quase todos os tratamentos são individuais, especialmente os tratamentos agressivos. Quando eu receito um remédio, eu testo antes seus efeitos em mim mesmo, de forma simpática.

Para prevenir a erisipela de uma jovem, o mesmo sonâmbulo deu a seguinte receita:

– Ferver oito papoulas pulverizadas num copo d'água até que ele seja reduzido à metade. Coar num pano e oferecer à doente, depois que ela estiver na cama, uma colherada de café desta bebida. A primeira a deixará tonta, a segunda, levará ao delírio e a terceira a fará cair no estado de letargia. Mas não tenham medo, pois eu me responsabilizo pelo resultado.

Ele não se enganou, mas por pouco eu não me tornei enfermeiro particular da doente.

Pode-se dizer, em geral, que tais remédios só são prescritos por sensitivos especiais e eles acompanham suas receitas com detalhes e em circunstâncias próprias para garantir sua utilidade. Os sonâmbulos medíocres, assim como os médicos que se sentem embaraçados, prescrevem remédios fracos, mais ou menos formulados de maneira singular.

Termino esta lição pelo relato de um dos fatos nos quais o sonambulismo aparece como um fenômeno de certa utilidade social. Eu sempre busquei este resultado em todas as aplicações do magnetismo.

O sr. Petir, homem de proporções colossais, de ares marciais, ex-maestro de banda, exigiu ser adormecido para poder acreditar no magnetismo. Letur, meu amigo, estava em Saint-Quentin[40]. Ele aceitou o desafio e, em vinte minutos, o incrédulo convicto se tornou sonâmbulo e lúcido.

O sr. P., magnetizador, cujas ideias se misturavam às do sr. Petir, seu velho amigo, quis aproveitar deste estado para se reconciliar com ele. Horas e dias passaram e testemunhas foram convidadas. Letur, que desejava esse prodígio, não se aborrecia em ver se o novo sonâmbulo reconheceria o outro ao contato antipático. Ele não falhou: cinco pessoas tocaram nele e falaram com ele sem produzir sobre ele nenhuma impressão ruim. A sexta a se aproximar era o sr. P., que o fez pular da cadeira; ele se aborreceu pela tentativa que havia adivinhado.

Letur, que perseguia seu objetivo, colocou uma mão sobre a cabeça dele:

– Eu quero.

– Mas você me faz mal. –, respondeu o outro.

Letur tomou a mão do sr. P., uniu-a com a do sr. Petit sem dizer uma palavra. O sonâmbulo esperou silenciosamente por um instante, e depois gritou:

– Está bem! sim! Nós faremos as pazes, mas antes eu lhe direi o que penso e vocês devem nos deixar a sós.

Alguns minutos após, Petit acordou e encontrou a mão do sr. P na sua. Ele a iria repelir, quando Letur, com a mão na sua cabeça, forneceu a memória do que acabara de acontecer. A partir daí, os dois amigos se reconciliaram e um magnetiza o outro.

Se houvesse um pouco mais de gente que gostasse de ver as pessoas bem entre si, elas se tornariam magnetizadoras com o objetivo filantrópico de realizar a paz perpétua. Quanta gratidão se deve ter por Letur, que imaginou este procedimento!

[40] N.T. Local da residência do autor.

Se o magnetismo pode ser perigoso, também pode ter, como vimos, aplicações muito úteis nas mãos de pessoas bem-intencionadas.

Décima segunda lição

Conclusão

Este curso tem um duplo objetivo: reunir alguns fatos para aumentar a coleção de experiências feitas com magnetismo e apresentá-los com a garantia da boa-fé, que atestam a pouca sofisticação no estilo e na condução do livro, e a simplicidade das teorias que ele contém. Talvez, também, os que conhecem o autor atestem sua devoção à causa que ele acredita ser boa e a independência de seu caráter. Quanto à sua competência, esta pode ser contestada, mas uma experiência de vinte anos fornece, em geral, uma segurança. Além disso, e sem qualquer pretensão, os que duvidam da realidade dos fatos que esse curso contém perceberão, por sua própria experiência e pela leitura de alguns outros livros, informações preciosas sobre o assunto. Por que não crer em Deleuze, Puységur, Aubin, Charpignon e du Potet, além de outros estudiosos que tratam do tema de forma especial? No que diz respeito a testemunhas, seu conhecimento notório e sua honradez são condições suficientes a todas as exigências da lógica, e a estas garantias se une um acordo perfeito entre nós. Eu não ouso me situar ao lado de homens tão eminentes, entretanto, eu não vejo como justificar o desmentido de alguma afirmação que eu tenha feito, a não ser que me acusem de cegueira crônica. Ou seja, depois de vinte anos, eu não posso estar enganado a todos os dias e a todas as horas.

Mas meu objetivo não era convencer os incrédulos, mas sim, difundir nas famílias uma prática reconhecida como útil e séria. É nesse círculo, ao mesmo tempo restrito e imenso, que o magnetismo é chamado a prestar os maiores serviços. A mãe poderá tratar de seu filho no berço, prevenir as doenças frequentemente mortais que assolam nossos primeiros passos na vida, ajudar a natureza, que favorece àqueles que percorrem seus caminhos, desenvolver faculdades mentais e físicas ainda em formação no ser cujo Deus confiou o presente, com vistas ao futuro. A propósito desta educação inicial, que tem como objeto a saúde, eu penso às vezes no jardineiro instruído, que cuida com amor uma planta que ele viu nascer e a vê, com uma felicidade inexplicável, se encher de folhas, órgão essenciais, e se realizar em flores vivamente coloridas. O fluido magnético é a água benéfica da qual surge, complacentemente, antes e depois do sol se pôr, o broto que vai se transformar em uma árvore pujante. Nesta obra salutar, o pai, por sua vez, desempenha seu papel, e a necessidade dividida entre dois será menos pesada para cada um. A moralidade da criança será salva se ela for bem-educada; quando chegar o momento em que ela vai devolver em amor e devotamento a seus pais o que recebeu em sacrifícios e ternuras, saberá como proceder para prolongar a vida daqueles a quem ela deve tudo. Assim, serão formadas gerações saudáveis de corpo e de espírito, entre as quais se propagará, progressivamente, a atitude magnética, ou seja, o sentimento da natureza. Essas são as minhas esperanças, e, se minhas esperanças são ilusões, eu posso, na minha idade, acreditar que elas vão durar tanto quanto eu.

O magnetismo – digo e repito – atua na mente e no corpo. Este curso e os livros sobre o tema e sobre experiências fornecem a cada dia uma prova de minha afirmação para milhares de pessoas. O magnetismo está em todos os lugares em que se manifesta uma influência individual. A natureza deseja que esta influência se transmita a quem de direito, no momento certo. Pais e mães, vocês criaram seus filhos e, se vocês souberam fazê-lo, eles foram bem conduzidos até o dia em que eles se afastaram de vocês para pertencer a outras pessoas. Uma vez casada, alguns anos após sair da casa dos pais, a moça se torna a esposa de um homem que, por sua vez, a conduz, a menos que seja ela quem conduz o marido. O fluido magnético é uma manifestação anímica e a alma mais forte irradia o fluido de forma mais abundante. Pode ser também que as duas individualidades se modifiquem reciprocamente, os temperamentos se equilibrem pelo contato e os elementos morais se harmonizem, como acontece com dois corpos de diferentes temperaturas; segundo as leis imutáveis da física, uma troca de calor conduz os dois corpos à mesma temperatura. Então, ou a incompatibilidade das naturezas destrói a obra social do casamento ou os gostos se assimilam, as ideias se adaptam, seguindo-se uma simpatia invencível, pois, nesse momento se produz um tipo de fusão.

As pessoas que se amam não duvidam que estejam se magnetizando com frequência: o olhar, a voz e a proximidade possuem tal virtude que a união se torna logo uma necessidade. O código natural inventou o amor e a lei civil o aperfeiçoou com a instituição do casamento, que é consequência desse amor.

O conde Szapary fez um estudo peculiar do magnetismo íntimo enquanto meio terapêutico e consagrou seus resultados num excelente livro. Um dia, ele havia sido chamado para ver uma pessoa doente, a fim de magnetizá-la. Ele chegou e começou a conversar com ela. A conversa, conduzida segundo um método pelo qual ele indicava os procedimentos, tratou de diversos assuntos, exceto da finalidade de sua visita.

De repente, a doente se lembrou que desejava ser magnetizada e perguntou ao hábil médico quando o tratamento teria início. O médico respondeu:

– Mas já tem uma hora que eu estou lhe magnetizando, a senhora não percebeu?

A doente disse:

– De fato, eu me sinto melhor que antes.

Ele sabia desse resultado e ela não sabia que também podia-se magnetizar dessa forma. Todos os procedimentos são bons se conseguem produzir o bem. A doente ficou muito satisfeita com este tratamento sem medicações ou cirurgias e não quis saber de outro médico.

A fé, por um lado, e a confiança, por outro, são os elementos indispensáveis e frequentemente suficientes a toda medicina. Muitos doentes cedem à presença do seu médico preferido, que só receita raiz de grama ou tília, para satisfazer suas próprias convicções; ele precisa ter consciência de sua força. Quanta clientela os doutores oficiais perdem ao recusarem a admitir a existência do magnetismo! O dr. du Planty, que crê que um pouco de verdadeira filosofia não é prejudicial a uma prática médica séria, em uma de nossas sessões públicas, nas quais ele pronuncia palavras espiritualmente simpáticas, comparava o médico ao seu medicamento e a ferramenta ao operário: "Em toda doença, deve-se chamar o médico, mas nunca a contragosto, pois essa circunstância destrói o efeito do remédio." Nós compartilhamos realmente desta opinião!

Sem exagero, eu diria que o magnetismo não é exclusivo do ser humano. Eu citei exemplos da aplicação deste procedimento no tratamento de plantas e animais, com efeito extraordinário. Será que não há uma variedade desta ação na influência recíproca entre os animais ou entre as plantas? Como explicar o fascínio que a serpente exerce sobre sua presa, a águia, cujo olhar paralisa as asas do pássaro, ou a aranha, que atrai a mosca antes de prendê-la nos fios de sua teia? Seria apenas uma repugnância funesta a influência mortal que a mancenilheira[41] da África e mesmo a nogueira do nosso clima[42] exercem sobre a natureza vegetal à sua volta? Lá estão os vícios do magnetismo, pois nosso pobre mundo foi feito assim; em todos os lugares o bem e o mal se tocam e se misturam.

Lá, nunca a alegria completa:
A alma sofre por seus prazeres;
Os dias de alegria têm sua tristeza,
E a volúpia, seus suspiros.[43]

Já foi dito e repetido, e esta suposição não foi uma arma sem força nas mãos dos inimigos do magnetismo, que ele é perigoso e que, se aplicado para o mal, pode se tornar um agente de desmoralização. Certamente o magnetismo tem esta semelhança com todas as forças da natureza, pois ele pode ser cada vez mais nocivo e útil; não vou insistir nesse argumento já um pouco repetido. Limito-me, invocando minha velha experiência de homem e de magnetizador, a fazer observar que, se é verdade que em mãos culpadas o magnetismo é suscetível a se tornar uma influência considerável, por outro lado, o número de pessoas mal intencionadas constitui a minoria dos magnetizadores. Se fosse diferente, em vez de vermos os criminosos condenados e execrados em grande inferioridade numérica em relação às pessoas boas, veríamos pessoas honestas na prisão e os outros no poder.

Quatro policiais e um guarda campestre seriam insuficientes para conter toda uma população; o cassetete do chefe de polícia perderia toda sua autoridade. Eu lembraria

[41] N.T. Árvore encontrada em diversas partes do mundo que contém toxinas que podem ser irritantes para a pele e levar a quadros graves, quando ingeridas. Seu fruto se assemelha a uma maçã.

[42] N.T. O autor trata do clima europeu.

[43] N.T. No original: *"Là, jamais entière allégresse:*
L'âme y souffre de ses plaisirs;
Les jours de joie ont leur tristesse,
Et la volupté ses soupirs"

ainda que, depois de Mesmer, os tribunais só raramente conheceram crimes em que os magnetizadores participaram. Eram estes alguns magnetizadores charlatões, algumas sonâmbulas que liam cartas e alguns falsos videntes que, uma vez ou outra, responderam por seus feitos diante da justiça. Mas isso nada prova contra o magnetismo, como não provam contra a religião os tiranos sangradores de Saint-Dominique, os crimes de Alexandre Borgia, as vendas de indulgências, a corrupção de Leão X etc. Quem sonha em tornar responsável por todos esses horrores o divino legislador da caridade que, ao invés de destruir a humanidade com sua cólera toda poderosa, preferiu morrer por ela na cruz, deixando como herança os meios de ela se regenerar? É necessário explicar mais?

Quais miseráveis argumentos familiares ao interesse destruído, ao amor-próprio desgostoso e às ciências errôneas substituiriam os exorcismos de algumas piedades tímidas e, sobretudo, os vários médicos assustados com os progressos do magnetismo, se, algum dia, um banquete de reconciliação reunisse as faculdades e as sociedades magnéticas nos cordões da sinceridade cantada por Désaugiers?[44] Mas a polêmica foge ao meu projeto e ao meu caráter.

Eu vi, e não acredito que esteja enganado, que as boas naturezas são, principalmente, dirigidas à prática do magnetismo, que o exercício desta arte salutar as aperfeiçoou ainda mais. Vi pessoas corajosas, operários laboriosos, industriais conscienciosos, pessoas da ciência e da arte convencidas e felizes por terem produzido uma primeira cura pela filantropia e pelo amor ao bem, agradecendo a Deus pelo seu sucesso e depois rezando para que Deus lhes permitisse outras curas. Essas pessoas pediam a Deus o hábito de começar a magnetização por uma oração mental: o magnetismo lhes havia feito pensar no Criador, de quem haviam esquecido um pouco, na rotina prática de sua vida. Eu ainda vi mais: materialistas e ateus, que não sabiam bem como harmonizar as excentricidades de sua opinião filosófica com os instintos generosos de seus corações, tornaram-se pouco a pouco religiosos pela prática do magnetismo e, um dia, acordaram compreendendo que sem Deus o bem é apenas uma palavra sem sentido. Não me lembro se eles iam à missa, mas garanto que eles não se afastaram desse caminho. Não falo de mim, mas pelas necessidades da ciência. Mas alguns doentes que eu tive

[44] Compositor francês de comédias, óperas e "vaudevilles" (1772 – 1827).

a felicidade de curar se lembram que eu sempre os comprometi a agradecer a Deus antes de me agradecer, pois eu tinha consciência de que minha força estava na minha fé e na minha caridade. Eles eram levados a acreditar em mim e o agradecimento a Deus era o preço que eu cobrava por meus cuidados. Seria desejável que tudo fosse gratuito neste culto e na medicina, mas eu só elaboro esse desejo timidamente, pois temo a acusação de heresia.

Retornaremos, e tenho essa esperança, ao magnetismo e aos magnetizadores. Uma voz disse ao homem para andar nos caminhos da verdade, sem se incomodar com os obstáculos. Os homens os criam, mas a Providência os retirará.

Pobres sonâmbulos, vocês foram objetos de deboche, de vilania e de ódio! No entanto, é verdade que eles dormem, que veem – mesmo que eles possam não demonstrar –, com os olhos fechados. A razão disso, a Faculdade, com seus óculos, não pôde descobrir; da mesma forma, já que devemos dizer tudo, eles anunciam os acontecimentos futuros bem antes que aconteçam. Com maior frequência, esses indivíduos brilhantes, quando são despertados, precisam dos olhos dos outros para se conduzirem na vida; sua inteligência, cada vez mais alargada, torna-se então aberta apenas às ideias mais falsas, aos conhecimentos mais vagos e às percepções mais vulgares.

Os sonâmbulos precisam de uma direção: que o magnetizador, instrumento quase passivo, os ajude unicamente pela simpatia que seu caráter e seu espírito lhes inspiram, e que a lucidez os ilumine. Além disso, é necessário que o magnetizador lhes deixe seguir a inspiração, que lhes dite com frequência receitas maravilhosas e profecias incríveis. Esta voz interior, de onde vem? Eu tenho muita dificuldade em crer nos espíritos; prefiro supor que a natureza, uma palavra para expressar a mesma ideia que Deus ou Providência, lhes dê o conhecimento de suas leis e suas necessidades, e se sirva destes órgãos humanos para se comunicar com suas criaturas. Com frequência, surgem desígnios para nos instruir, então o sonâmbulo divaga e seus oráculos se tornam ilusões. O homem foi criado e anda, sem objetivo, numa rua, e se sente empurrado; depois ele se agita e Deus o conduz; ele põe e Deus dispõe; é possível compreender os desígnios da Providência? Ele não deve tentar sondar este abismo e, sim, contentar-se com as indicações que a Providência deseja lhe oferecer. Mas que ele não negue nunca os fatos, pois seria blasfemar contra a natureza.

Os sonâmbulos, como todas as criaturas, têm seu destino privado selecionado aos olhos do homem segundo atitudes individuais; cada um tem sua especialidade.

A frenologia poderia esclarecer a ciência sobre esse tema. Uma ciência ainda incompleta e incompreendida!

Mas esperemos pacientemente que o magnetismo seja reconhecido como foram, sucessivamente, o movimento dos corpos celestes, a circulação do sangue, o vapor e o galvanismo, após numerosos fracassos e uma grande oposição. Então, ele será utilizado, como todas as descobertas, em aplicações regulares e cada vez mais úteis, como o vapor nas locomotivas e a química nas diversas indústrias.

Então, quem nascer com a vocação de magnetizador ou de sonâmbulo poderá utilizar suas preciosas faculdades para o bem dos semelhantes, sem temer a ironia, o ódio e coisas ainda piores, pois não faltou perseguição ao magnetismo, assim como a todas as demais descobertas úteis. A lei irá intervir para regulamentar o exercício deste novo procedimento de forma incomensurável. Sempre haverá charlatões ou especuladores, ou eles não existem? Mas os números desses inimigos perigosos das verdadeiras ideias e das práticas úteis serão menores, pois o público saberá reconhecê-los e ninguém estará mais interessado em confundi-los com pessoas honestas.

Quando isso vai acontecer? Queira Deus que seja logo. Eu ficaria tão feliz em ver coroar a obra da minha vida e de 25 anos de trabalhos pelo triunfo de uma causa de predileção!

Uma palavra antes de deixá-los, meus caros leitores. Este livro, ou melhor, estas conversas são a primeira e, sem dúvida, a última obra de seu autor. Estas conversas resumem um desejo pelo bem que foi, segundo alguns, a maior fraqueza da minha vida, mas para mim, foi sua grande justificativa. Que a crítica, antes de julgar, queira encontrar o homem que se esconde no escritor, e é o único favor que eu peço. Se eu me enganei, como tantos outros, que ela me desculpe; em todo caso, meu erro veio em meu prejuízo e nunca em prejuízo de outro. Além disso, o único lucro que tirei da minha carreira magnética foi o único resultado a que eu me propus: curar alguns e converter outros a uma causa que me parece ser a da verdadeira ciência e da humanidade.

FIM

A ARTE DE MAGNETIZAR

Charles Lafontaine

314 páginas – ISBN 978-85-7618-326-6

A Arte de Magnetizar faz parte da série "Magnetismo – A Força da Vida", coleção destinada a esclarecer e dar suporte a todos que se utilizam do fluido magnético, propriedade física inerente aos seres, em trabalhos realizados nas casas espíritas, espiritualistas ou afins, voltados para o equilíbrio e restabelecimento dos corpos do homem. Embora esteja quase completando 170 anos do lançamento de sua primeira edição, o amplo conteúdo desta obra é ainda hoje tão atual que, quando colocado em prática por mãos sérias e bem treinadas, poderá operar enormes benefícios terapêuticos a enfermos, inclusive àqueles tidos como incuráveis pela medicina tradicional, posto que a ação do magnetismo animal sobre a matéria produz fenômenos físicos incontestáveis, dando-nos provas da existência da alma e da espiritualidade.

O pesquisador francês Charles Lafontaine, contemporâneo do conhecido Barão Du Potet, importante magnetizador da época, deixa registrado aqui, em 18 capítulos, as múltiplas qualidades do magnetismo como meio curativo e seus efeitos, tanto no campo fisiológico como no psicológico, observados a partir de sua incansável experiência prática em pacientes com câncer, paralisia, epilepsia, cegueira, hemorragias, surdês, dermatoses, e inúmeras outras enfermidades, apresentando estatísticas, análises e resultados de procedimentos terapêuticos que poderão estimular a sua aplicação mais eficaz e consciente.

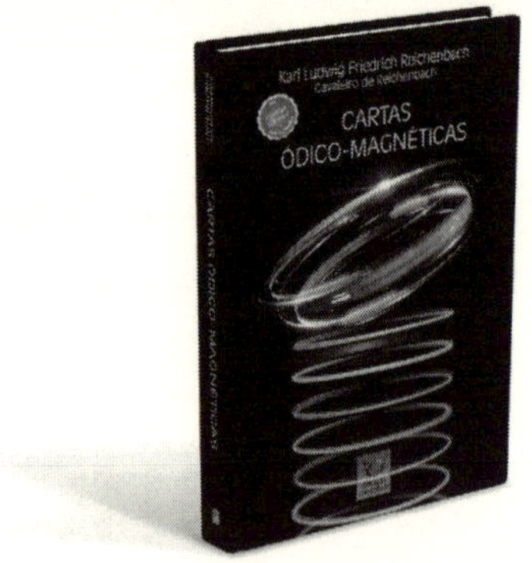

CARTAS ÓDICO-MAGNÉTICAS
Carl Ludwig Reichenbach
140 páginas – ISBN 978-65-5727-117-9

Esta obra de 1852, inédita em português, interessa diretamente aos estudiosos do magnetismo, do espiritualismo em geral e, especificamente, da Doutrina Espírita. Conforme consta na introdução, Reichenbach foi um físico distinto, em relação aos cientistas renomados da Alemanha, da Inglaterra e da França. Foi necessária a intuição, o saber, a fortuna, a paciência, a liberdade de ação e o espírito desprendido do autor para chegar a fazer uma análise aprofundada das forças fluídicas, procedendo pelo método indutivo, com a colaboração de inúmeros sensitivos. O nome *od*, escolhido por ele, significa uma emanação do fluido universal que penetra e jorra rapidamente em tudo, em toda a natureza, com uma força incessante. Graças às Cartas Ódicas, todo leitor encontrará a maneira de verificar esta bela descoberta, ao mesmo tempo em que alargará seus conhecimentos.

> Curiosas experiências sobre o fluido ódico, descoberto pelo autor, e que parecem dever lançar uma nova luz sobre a questão dos fluidos, se elas se confirmam. Pelos conhecimentos que possuem, os espíritas estão particularmente em posição de controlar esta teoria.
>
> Allan Kardec, *Catálogo Racional*,
> seção Magnetismo, 1869.

CURSO DE MAGNETISMO ANIMAL EM DOZE LIÇÕES
foi confeccionado em impressão digital, em abril de 2022
Conhecimento Editorial Ltda
(19) 3451-5440 — conhecimento@edconhecimento.com.br
Impresso em Luxcream 80g – Stora Enso